S'AF
ET OSER
DIRE NON

Christel **Petitcollin**

Doutes, peurs, culpabilité : sortir du cercle

jouvence
EDITIONS

Du même auteur aux Éditions Jouvence

Petit cahier d'exercices pour mieux s'organiser et vivre sans stress

Petit cahier d'exercices pour sortir du jeu victime, bourreau, sauveur

Victime, bourreau ou sauveur : comment sortir du piège ?

Savoir écouter, ça s'apprend !

Du divorce à la famille recomposée

Réussir son couple

Émotions, mode d'emploi

Scénario de vie gagnant

Bien communiquer avec son enfant

Catalogue gratuit sur simple demande

ÉDITIONS JOUVENCE

France: BP 90107 - 74160 Saint-Julien-en-Genevois Cedex

Suisse: CP 227 - 1225 Chêne-Bourg (Genève)

Site internet: www.editions-jouvence.com

Mail: info@editions-jouvence.com

ISBN : 978-2-88911-854-0

Maquette & mise en pages : Éditions Jouvence

Dessin de couverture : Jean Augagneur

Sommaire

Introduction
Un cocktail détonant :
Doute, Peur, Culpabilité 6

Chapitre 1
Il est impossible de ne jamais dire non 13
Les limites sécurisent 14
L'acceptation des limites mène à la maturité ... 16
Gérer la frustration 16
Apprendre l'agir et le lâcher-prise 17
Découvrir la patience 18

Chapitre 2
Clarifier et définir ses limites.......................... 21
La zone de doute 21
Le langage non verbal 22
Le contenu de la zone de doute 25
Le manque d'information 25
La confusion entre l'amour et le nursing 27
Le conflit de valeurs 28
Le manque d'égoïsme 28
Les apparences, l'avis des autres et l'envie d'avoir le beau rôle 29
L'intellectualisation et la rationalisation 30
Alors, quelles vont être vos limites ?................ 31

Ce qui doit être et rester inacceptable... 31
Ce qui doit rester acceptable 32
Comment leur dire ? 33

Chapitre 3
Comprendre la structure
de votre personnalité 35
Construction de la structure 36
L'Enfant Spontané 36
L'Enfant Adapté Soumis 36
L'Enfant Adapté Rebelle 38
L'Adulte 40
Les facettes parentales 41
Le fonctionnement de la structure 42
Si la structure a pu s'épanouir
normalement 42
Si la structure n'a pas pu s'épanouir
normalement 44
Tableau récapitulatif 47

Chapitre 4
Protégez votre enfant intérieur 49
Les dégâts causés par l'éducation 50
Mettez votre Parent Nourricier
à votre propre service 52
Faites taire votre tyran intérieur 53
Mettez l'Adulte au travail 54
Tous les enfants aux abris ! 55
Exercice d'imagination réparatrice 56

Chapitre 5
Les bons réflexes relationnels 61
Refusez la pression de l'urgence 65
On a le droit de ne pas répondre
aux questions 66
Autorisez-vous à changer d'avis 68
Ne donnez plus de fausses raisons
à vos refus 70
Ne vous justifiez plus 71

Chapitre 6
Le langage dynamique 75
Apprenez à formuler vos phrases
positivement 78
L'inconscient ne conçoit pas le négatif 79
Aller vers la carotte ou éviter le bâton ? 80
La double contrainte 81
Formulez vos demandes précisément 83
Être crédible 86

Chapitre 7
Le non diplomatique 89
Le refus total 90
Le refus partiel 91
La proposition de changement 92

Conclusion 95

Introduction

Un cocktail détonnant : Doute, Peur, Culpabilité

Beaucoup de gens se plaignent de leur incapacité à s'affirmer, à dire « non » et de toutes les conséquences négatives que cela a dans leur vie privée comme dans leur vie professionnelle : sensation de ne pas être entendu et respecté, diminution de l'estime de soi (« *J'ai été lâche* » ou « *Je me suis encore fait avoir* »), aigreur, découragement, problèmes de poids, eh oui !

D'autres ne font pas consciemment le lien entre leur mal-être et ce manque d'affirmation de soi, mais le découvrent très vite en thérapie, derrière leur irréaliste fantasme d'harmonie relationnelle permanente.

D'une manière générale, les gens qui ne savent pas s'affirmer s'enferment dans un cercle vicieux qui comporte trois clés : le doute, la peur et la culpabilité. Suis-je bien légitimé à réclamer ou à refuser cela ? Ne vais-je pas blesser cette personne et perdre son amitié si je m'oppose à elle ? Quel égoïste je serais de ne pas tenir compte des demandes des autres !

Première clé : le doute

Le doute est permanent chez les gens qui ne savent pas s'affirmer. À quel moment aurais-je dû poser la limite ? Est-ce que ça vaut la peine de se battre pour si peu ? Comment faire aussi pour dire, pour oser, pour agir ? Et au-delà du doute, il y a aussi beaucoup de confusions. Confusion entre « rage » et « colère », entre « s'affirmer » et « crier », entre « conflits » et « ruptures », entre « être rigide » et « être structuré », entre « être autonome » et « être individualiste et égoïste », entre « dire non » et « rejeter une personne ». Cela fait beaucoup de tri à faire pour remettre les concepts à leur place. Les conflits sont indispensables à une bonne relation, ils ne sont pas synonymes de disputes, de scènes et de hurlements, ni d'échec relationnel. On peut aimer quelqu'un sans tout lui permettre.

Si vous avez du mal à vous affirmer et si dire non vous fait peur, c'est en grande partie parce que vos parents eux-mêmes n'étaient pas des experts en affirmation de soi. Comme le dit le proverbe, les chiens ne font pas des chats. Le modèle d'affirmation de soi de vos parents était inefficace. Si certains d'entre vous reconnaîtront volontiers avoir eu comme modèles des parents timides, timorés, peu affirmés et paralysés par la peur des conflits ou du « qu'en dira-t-on ? », beaucoup de lecteurs réagiront en protestant : « C'est faux ! Mon père (ou ma mère) était très autoritaire ! » Et bien justement, c'est un paradoxe : les gens qui savent s'affirmer n'ont pas besoin d'être psychorigides. C'est la fameuse « main de fer dans le gant de velours ». Si à l'inverse, le gant est en fer, c'est que la main est bien molle. Les parents que leurs enfants croient « autoritaires » sont rigides mais rarement structurés. Et leur façon de poser les limites est décousue et illogique. Car dans cette éducation sévère, il y a aussi une incapacité à trier les priorités. Par exemple, un parent « autoritaire » se mettra en rage pour un bol renversé par des petites mains malhabiles ou parce que l'horaire du repas n'a pas été respecté à la minute près, mais laissera passer sans broncher des situations vraiment graves parce que réagir aurait impliqué d'aller s'affirmer sans hurler auprès d'autres adultes : un enseignant, un voisin ou un autre parent.

Ainsi se renforce le doute dans la tête de l'enfant parce qu'il sent intuitivement que l'attitude du parent sévère n'est pas adéquate et pourtant un parent a toujours raison quand on est petit. Devenu grand, il risque de rejeter toute forme d'autorité autant chez lui que chez les autres, même quand elle serait légitime comme dans le cadre du travail de la part d'un chef de service et même si cette autorité est appliquée avec tact et respect. Une dernière confusion risque de se mettre en place entre « pouvoir » et « abus de pouvoir ».

La deuxième clé du manque d'affirmation de soi est la peur

C'est très tôt dans la vie que se joue le potentiel d'affirmation de soi d'un être humain car le « non » apparaît chez l'enfant entre deux et trois ans. En fonction de la réaction de l'entourage parental et éducatif à ces précoces tentatives d'affirmation de soi, la capacité à dire « non » de l'enfant sera acquise, endommagée ou perdue et quelquefois dès la première tentative. On retrouve souvent dans l'histoire personnelle des gens incapables de s'affirmer, une vigoureuse répression parentale de leurs premières rébellions. Fessées, mises à l'écart « au coin » ou dans une autre pièce, douches froides, le recours à ces violences pour « calmer » les enfants est une pratique courante encore aujourd'hui. Le droit aux émotions en général et à la colère en particulier chez les enfants n'est pas encore bien respecté et compris par les parents qui recadrent souvent ce potentiel émotionnel en « caprices ».

La troisième clé est la culpabilité

Mais la peur du châtiment ou du rejet n'est pas le seul moyen de destruction du potentiel d'affirmation de soi des enfants. Il arrive souvent dans les séminaires que j'anime que plusieurs des femmes présentes confirment avoir vécu « le coup du miroir » et en avoir gardé un cuisant souvenir. « Le coup du miroir », cela consiste à mettre une petite fille en colère devant un miroir pour « qu'elle puisse voir comme son visage est vilain lorsqu'elle crie ». La fillette mortifiée doit subir la honte de regarder son visage déformé par l'émotion. Les petits garçons donnent plus dans la culpabilité. Ils font « tellement de peine à Maman… » Beaucoup d'entre eux se souviennent, adultes rongés de remords, des larmes de leur mère parce qu'ils étaient « impossibles » et lui en faisait voir « de toutes les couleurs ». Comme vous pouvez le constater, la honte et la culpabilité sont aussi beaucoup utilisées pour décourager les enfants de tenir tête aux adultes et de développer une personnalité affirmée. Ces émotions si douloureuses, très fortement ressenties par les enfants, vont les paralyser pour de longues années.

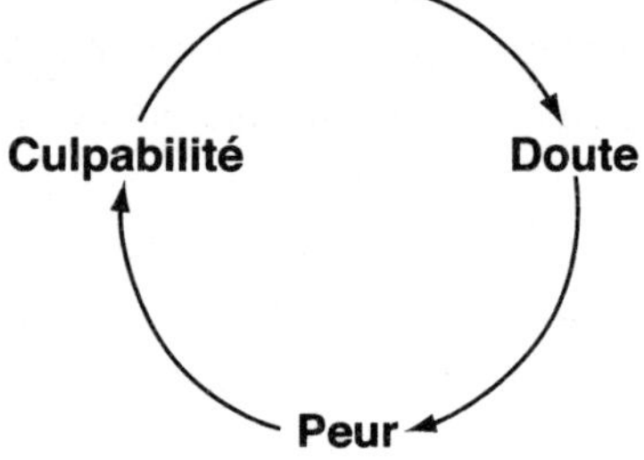

C'est ainsi qu'au doute et à la peur vient s'ajouter la culpabilité, dernière clé du cocktail infernal : doute, peur, culpabilité. Les gens qui n'osent pas s'affirmer et qui ne savent pas dire non, s'enferment systématiquement dans ce cercle vicieux à chaque fois que l'affirmation de soi aurait été nécessaire. Chaque clé renvoyant à la suivante, ces personnes ont la sensation de tourner en rond dans leur problème comme un hamster dans sa roue, sans trouver d'issue. Ce qui fait, bien sûr, que leur malaise va grandissant au fil des années.

C'est pourquoi apprendre l'affirmation de vous passe par le désamorçage de ces trois clés :

– Pour sortir du doute, il faut clarifier vos croyances sur la nécessité des conflits, connaître vos propres limites pour pouvoir les poser aux autres et apprendre les techniques d'affirmation de soi qui permettent de le faire sans violence, avec tact et respect.
– Pour désamorcer la peur, il vous faudra grandir un peu (Jusqu'à quel âge allez-vous laisser aux autres adultes le pouvoir de vous traiter en enfant soumis ?), guérir de vos peurs irrationnelles, mais aussi et surtout apprendre à vous protéger émotionnellement dans vos relations.
– Et pour sortir de la culpabilité, il faut revoir votre liste d'interdits, vous rendre quelques autorisations indispensables, savoir redistribuer équitablement

les responsabilités dans la relation et développer vos capacités diplomatiques afin que s'affirmer n'implique pas de blesser l'autre.

C'est ce programme réjouissant que je vous propose au fil des pages suivantes.

Bonne lecture et bon apprentissage.

CHAPITRE 1

Il est impossible de ne jamais dire non

Beaucoup de gens détestent et redoutent les conflits. Que ne feraient pas ces personnes pour éviter une dispute : fuir, louvoyer, s'excuser, capituler dans le seul but « d'arrondir les angles ». Elles sont persuadées que les conflits signent l'échec de la relation et que la vie en société nécessite beaucoup de concessions. Pourtant, la vie elle-même leur démontre régulièrement que chaque concession faite dans le seul but d'éviter un conflit les aigrit progressivement. Toutes ces concessions sont stockées et comptabilisées par leur inconscient et, tôt ou tard, le conflit non résolu éclatera avec d'autant plus de violence et d'agressivité qu'il sera resté longtemps larvé. On ne peut pas ne jamais dire non. À un moment donné, il faudra bien poser une limite. Et en attendant, si ce n'est pas aux autres qu'on dit non, c'est à soi-même, au respect de soi, de ses besoins, de ses envies, de ses propres limites. C'est donc une trahison personnelle que l'on s'inflige à chaque refus de l'affrontement.

Vous connaissez sans doute la plaisanterie : « Par le mariage nous ne ferons plus qu'un. Reste à savoir lequel. » Cette blague pourrait s'appliquer à toutes nos relations. Dès que nous refusons d'y inclure la possibilité de la confrontation, nous laissons l'autre prendre toute la place dans la relation. Le seul moyen d'éviter de se faire écraser dans ces jeux de pouvoir, c'est justement d'en connaître les règles et de jouer sa propre partie au lieu de prendre la fuite ou de capituler au premier froncement de sourcils. Un conflit n'est pas nécessairement synonyme de violence et d'agressivité. De plus, les conflits sont une composante naturelle de la vie en groupe et sont indispensables pour faire respecter l'individualité et l'espace personnel de chacun, c'est-à-dire maintenir l'équilibre de la relation. Accepter cet état de fait est le premier pas à faire pour ne plus avoir cette sensation d'échec lorsqu'un conflit s'annonce. Et puis il faut aussi prendre conscience du fait que les limites sont indispensables. Une vie sans limite, c'est une plaine dans le brouillard.

Les limites sécurisent

L'intégration mentale de limites est indispensable à l'équilibre psychologique d'un être humain car les limites sécurisent, structurent et construisent l'identité. Imaginez que vous décidiez de dormir à la belle étoile par une chaude nuit d'été. Il est peu probable que vous vous installiez au beau milieu d'un champ. De manière tout à fait instinctive, vous allez vous choisir un « coin ». Un bosquet, un muret, le pied d'un arbre... Ce coin choisi va délimiter un territoire physique qui sera le vôtre pour la nuit et qui vous donnera une impression de confort et de sécurité. De la même façon, psychologiquement, nous avons besoin de sentir notre territoire et ses limites et de savoir jusqu'où nous pouvons aller et où nous devons nous arrêter. Bref, pour être « nous », nous avons besoin de savoir où c'est « chez nous » aussi bien physiquement que mentalement.

Les parents rechignent souvent à cadrer leurs enfants et c'est un tort. Car si les enfants cherchent les limites des adultes, c'est uniquement pour les trouver. Exactement comme ils pourraient avoir physiquement besoin de trouver un mur pour s'appuyer contre lui. Les enfants chercheront les limites de plus en plus loin, jusqu'à les trouver. L'incapacité actuelle de beaucoup de parents à remplir leur rôle de cadrage est très dommageable pour leurs enfants. Au travers d'années de transgressions de plus en plus graves, certains enfants iront jusqu'au bureau d'un juge d'instruction, pour trouver enfin les limites fermes dont ils ont besoin. D'ailleurs, vous l'aurez sans doute remarqué, il n'y a pas que les enfants qui cherchent les limites. Que ce soit avec notre conjoint, le patron, nos amis, nos voisins, nous avons tous aussi, à notre façon, testé et cherché leurs limites, uniquement pour les trouver, et pouvoir nous positionner vis-à-vis d'eux. Nous avons tous besoin de savoir avec exactitude jusqu'où nous pouvons aller trop loin !

L'acceptation des limites mène à la maturité

• ***Gérer la frustration***

Il y a mes limites intérieures, celles qui définissent mon territoire mental et me permettent de savoir qui je suis et puis il y a aussi les limites extérieures, celles des gens qui m'entourent et celles du monde dans lequel je vis. La découverte des limites extérieures ne va pas sans difficulté. En effet, le bébé naît avec une illusion de toute-puissance. Il croit que le monde gravite autour de lui, petit dieu adoré dont la mère comprend et satisfait tous les besoins. Mais, tôt ou tard, brutalement où progressivement, l'enfant devra comprendre qu'il y a des choses qui échappent à son pouvoir et perdre cette illusion de toute-puissance. On ne peut pas tout avoir et tout de suite. C'est indispensable qu'il le comprenne pour pouvoir faire la distinction entre rêve et réalité. La souffrance qui découle de cette découverte s'appelle la frustration. C'est un sentiment très douloureux de se sentir impuissant à agir sur son environnement. Mais si l'enfant n'apprend pas à gérer cette frustration, il deviendra un adulte violent ou compulsif, car la frustration non contrôlée se transforme en rage, en violence et en compulsion.

• ***Apprendre l'agir et le lâcher-prise***

Connaître les choses sur lesquelles on a du pouvoir et celles sur lesquelles on n'en a pas, permet de canaliser son énergie de façon constructive. Au lieu de dilapider ses forces en se battant vainement contre des éléments incontrôlables, on sera beaucoup plus efficace en concentrant son action sur les points sur lesquels on a vraiment le pouvoir d'agir et en lâchant prise sur le reste. Mais ce n'est pas évident pour tout le monde. Certaines personnes, vivant dans un hypercontrôle permanent, cherchent à avoir la maîtrise de tous les paramètres de leur vie. Comme des enfants essayant de tenir trop de billes dans leurs petites mains, elles ont la sensation que les choses leur échappent sans cesse et vivent avec une anxiété permanente. Ne tenir que ses billes à soi est reposant et sécurisant parce que ces billes-là, les nôtres, ne nous échapperont plus.

• ***Découvrir la patience***

C'est aussi la gestion de la frustration qui mène à la maturité : c'est parce que nous sommes capables de nous « autofrustrer » que nous nous levons le matin pour aller travailler et que nous pouvons aller dans un grand magasin en période de soldes avec une carte bancaire dans la poche sans générer de cataclysme sur notre compte en banque. L'intégration des limites est indispensable à la vie des adultes et ces limites sont acquises par le biais de la discipline dans l'enfance. La discipline mène à l'autodiscipline car elle permet l'automatisation de gestes qui se transformeront en réflexes. Ranger ses chaussures, essuyer la table, se laver les mains, autant d'actes qui, lorsqu'ils sont automatisés ne demandent plus d'attention et de motivation soutenues à leur auteur. Quelle économie d'énergie ! L'autodiscipline va encore plus loin puisqu'être totalement autodiscipliné, c'est aussi être capable de se dire : « Stop, tu en as assez fait pour aujourd'hui. Vas donc t'amuser et te reposer un peu. » Eh oui, gérer la frustration consiste également à ne pas s'en créer inutilement et à trouver un équilibre entre travail et détente.

Enfin, la capacité à mettre de la distance entre soi et son désir donne accès aux objectifs à long terme. Être capable de se poser des limites frustrantes sur le moment pour avoir mieux après, fait aussi partie de la maturité. C'est par l'apprentissage de la patience et de l'endurance que l'on peut faire du sport, des études, des économies ou un régime en étant satisfait des résultats. Car quelquefois, c'est à soi-même qu'il faut aussi savoir dire non.

Les gens qui ne perçoivent pas clairement les limites, les leurs comme celles de l'extérieur, sont régulièrement confrontés aux problèmes énoncés ci-dessus : une mauvaise gestion de la frustration, donc des compulsions et des crises de rage, des difficultés à lâcher prise, de l'anxiété, de l'impatience et l'impossibilité de réaliser des projets à long terme…

Les limites ont donc de bonnes raisons d'exister. Elles servent à définir son identité, faire la différence entre le réel et l'imaginaire, savoir contrôler ce qui est en son pouvoir et lâcher prise sur le reste, canaliser ses énergies de façon constructive et faire respecter ses besoins et ses valeurs.

Vous avez maintenant de très bonnes raisons d'apprendre à les poser aux autres comme à vous-même, n'est-ce pas ? Afin de pouvoir poser ces indispensables limites, il faut commencer par les connaître, donc par se sortir du doute et de la confusion.

CHAPITRE 2

Clarifier et définir ses limites

La zone de doute

Alors, puisqu'elles sont si bénéfiques, ces limites, pourquoi sont-elles tellement difficiles à poser que vous en soyez venu à lire ce livre ? Et bien étrangement, c'est très facile de poser ses limites. C'est même parfois tellement aisé que vous le faites déjà régulièrement sans même vous en rendre compte. Le paradoxe n'est qu'apparent. Nous possédons tous des zones mentales dans lesquelles sont clairement définis ce qui est « acceptable » et ce qui est « inacceptable ». Bien sûr, chacun a les siennes. Ce qui est acceptable pour moi peut être tout à fait inacceptable pour quelqu'un d'autre et réciproquement. De même, ces zones seront variables en fonction des circonstances et de l'état émotionnel du moment. Le jour où vous êtes fatigué, stressé ou énervé, votre zone d'inacceptable a toutes les chances d'augmenter, au détriment de votre bonhomie habituelle. Inversement, une bonne nouvelle peut nous rendre brusquement très tolérants aux contrariétés. En dehors de ces fluctuations personnelles et circonstancielles, nos zones d'acceptable et d'inacceptable fonctionnent très bien, d'une façon non consciente et automatique pour signaler efficacement nos limites à nos interlocuteurs. Ce n'est que lorsque nous entrons dans une zone de doute, faite de fausse acceptation et de fausse inacceptation que les choses se gâtent et que notre capacité à faire respecter nos limites se dégrade.

Inacceptable	Doute	Acceptable

Le langage non verbal

Je suis une maman ordinaire. Je considère qu'un petit garçon qui a couru toute la journée, qui a transpiré, qui s'est roulé dans la poussière en jouant, doit prendre une douche tous les soirs. C'est très clair dans mon esprit. Que mon fils ne prenne pas sa douche est bien localisé dans la zone de l'inacceptable. C'est pourquoi, lorsque je dis : « Allez, tu passes à la douche maintenant », il y va sans trop rechigner. Mais je vous l'ai dit, je suis une maman ordinaire. Certains soirs, fatiguée, en retard dans mon organisation domestique, n'ayant plus d'énergie, je m'affale sur le canapé et je me dis : « Pff, il va falloir doucher le petit. Après tout, aujourd'hui, c'est mercredi. Sans école, il n'a pas beaucoup couru et transpiré. En plus, il n'a pas fait très chaud. Peut-être qu'on pourrait faire l'impasse sur la douche ce soir… » Puis, l'autodiscipline reprenant le dessus, j'arrive à me raisonner et je dis, comme d'habitude à mon fils : « Allez, tu passes à la douche maintenant. » Mais ces jours-là, il prend un ton plaintif et répond : « Oh non, pas ce soir Maman. C'est mercredi. Je n'avais pas école, alors je n'ai pas beaucoup transpiré. En plus, il n'a pas fait très chaud. Je la prendrai demain, ma douche. »

Que s'est-il donc passé ? « Il lit dans vos pensées, ce petit ! », me direz-vous. Pas dans mes pensées, non, mais comme tous les enfants, il lit couramment le langage non verbal. Mon intonation, le volume de ma voix, mes hésitations, mes silences, les expressions de mon visage, ma gestuelle, tout est décodé et retranscrit en verbal. Il en va de même pour les adultes même s'ils sont moins performants que les enfants. Eux aussi décodent inconsciemment le langage non verbal de leurs interlocuteurs.

Vous est-il déjà arrivé de parler d'un projet qui vous tient à cœur à un proche et de repartir découragé et démotivé parce que ce proche a débité toute une liste d'objections qui vous a complètement démoli le moral ? Si vous êtes objectif, vous remarquerez que ces objections verbalisées par votre ami étaient justement celles que vous vous opposiez seul, silencieusement, avant de lui en parler. Votre ami a simplement décodé et verbalisé vos propres peurs. En fait, il vous a rendu le service de vous indiquer vos objections personnelles non conscientisées.

Les mots ont peu de poids s'ils ne sont pas soutenus par tout notre langage non verbal. Jacques Salomé dit : « Ce que tu es parle si fort que je n'entends plus ce que tu dis. »

Et lorsque nous sommes dans notre zone de doute, de fausse acceptation ou de fausse inacceptation, nous émettons des signaux verbaux et non verbaux complètement contradictoires. C'est pour cela que nos interlocuteurs insistent. Ils veulent connaître lequel des messages émis est le message authentique. « Tu es vraiment sûre, Maman, que tu veux bien que je saute avec mes chaussures sur ton canapé ? Tu ne dis rien, mais ton visage est drôlement crispé. Je vais continuer à sauter encore un peu jusqu'à ce que tu me dises vraiment ce que tu en penses. » Quand Maman explose et crie : « Ça suffit maintenant. Descends de là ! », l'enfant peut se dire : « Ah, cette fois Maman est cohérente dans tous ses messages. Il m'avait bien semblé comprendre qu'elle n'était pas d'accord ! »

Lorsque vous vous situez dans vos zones d'acceptable ou d'inacceptable clairement définies, votre langage verbal et votre langage non verbal se complètent, se renforcent mutuellement et donnent à votre communication une crédibilité et une force de conviction suffisante pour que vos interlocuteurs se le tiennent pour dit. C'est pour cela qu'il y a déjà des domaines où l'affirmation de vous se fait tellement naturellement que vous ne vous en rendez pas compte. En revanche, c'est dans votre zone de doute que tout se complique et vous donne du fil à retordre. Vos messages deviennent confus et contradictoires, peu fiables ou faciles à contourner pour vos interlocuteurs. Et plus cette zone est vaste, plus vos difficultés se cumulent. C'est pourquoi un bon ménage dans cette zone de doute s'impose.

Le contenu de votre zone de doute

Les mécanismes qui enclenchent le doute sont assez standards. C'est pourquoi la zone de doute comporte toujours à peu près les mêmes ingrédients :

• ***Le manque d'information***

Une méconnaissance des lois, des droits et devoirs de chacun crée beaucoup d'incertitude. De même, si vous ignorez les subtilités du sujet abordé, quel qu'il soit : de l'immobilier aux voitures en passant par la santé ou les impôts, il va être possible à votre interlocuteur de vous faire douter de vous très facilement. Contrairement à ce que croit la majorité des gens, la loi sert à protéger le citoyen et non pas à entraver sa liberté. Elle ne devient contraignante et répressive que lorsqu'on l'ignore ou lorsqu'on la transgresse délibérément. Ah, si tous les automobilistes pouvaient comprendre que le code de la route ne sert qu'à les protéger ! Lors d'un divorce ou d'un décès, l'application stricte de la loi peut générer de véritables drames personnels, mais il faut les imputer à un excès de confiance antérieur et non à la cruauté de la justice. Nombre de personnes se croiraient procédurières et maladivement méfiantes, de faire établir des conditions écrites et précises de leurs accords. Pourtant, c'est en mettant en place toutes les précautions utiles en amont de vos actions et en prévoyant les cas de figures les plus négatifs (au lieu de refuser de les envisager) que la loi pourra le mieux remplir son rôle protecteur. Prenez donc toujours le temps de bien vous renseigner sur les sujets qui vous concernent, on ne pourra plus vous embrouiller ou vous manipuler par la suite.

Certains chercheront à vous faire croire que la matière est trop complexe, mais c'est faux. Il est toujours possible de comprendre, à partir du moment où l'on choisit un expert qui sait expliquer simplement les choses. La paresse intellectuelle de s'informer, d'apprendre et de comprendre se paye souvent très cher à long terme. Alors agissez. Par exemple, faites définir précisément (par écrit) les tâches afférentes à votre poste de travail ou prenez l'avis et les conseils d'un expert neutre dans le domaine où vous souhaitez être informé.

• ***La confusion entre l'amour et le nursing***

Le maternage est la première forme d'amour que nous ayons reçue et nous en gardons un souvenir nostalgique. Nous croyons donner l'amour le plus inconditionnel en maternant et pourtant, au-delà de la petite enfance, le maternage devient très vite un véritable virus relationnel car il infantilise au lieu d'autonomiser. Il y a une énorme différence entre « donner du poisson » et « apprendre à pêcher » à celui qui a faim. Si vous lui apprenez à pêcher, vous le nourrissez pour la vie. Si vous lui donnez du poisson, vous l'encouragez sur le chemin de la paresse et de la facilité. Entraînez-vous à dire au petit : « Je t'aime ET tu vas beurrer ta tartine toi-même » et au plus grand : « Viens voir ici. Par amour pour toi, je vais te montrer comment on se sert d'une machine à laver le linge. » Entre adultes, les relations de maternage n'ont évidemment plus lieu d'être et doivent être bannies car elles sont génératrices, à terme, de beaucoup d'agressivité. Hormis de façon ponctuelle et dans des circonstances exceptionnelles, ne maternez plus ni votre conjoint(e), ni vos amis et encore moins votre patron ou vos employés. Apprenez à montrer votre amour autrement !

• *Le conflit de valeurs*

D'un côté vous aimeriez bien avoir la paix le soir après le travail, de l'autre, vous voudriez être ouvert et convivial. Comment gérer les visites surprises des copains à l'heure de l'apéro ? Ou bien, il est tard et votre enfant devrait déjà dormir mais vous l'avez si peu vu aujourd'hui et il réclame des câlins. Comment avoir le courage de l'envoyer au lit ? Une de vos amies vous a vraiment rendu un grand service le mois dernier mais ce qu'elle vous demande en retour aujourd'hui vous pose un réel problème éthique. Que faire ? Ces conflits de valeurs nous empêchent souvent de nous positionner clairement. Il faut apprendre à établir une hiérarchie. Qu'est-ce qui est plus important pour vous : votre repos ou les copains ? Son sommeil ou les câlins ? Respecter votre éthique ou retourner un service rendu ? Vous avez en vous la bonne réponse. Il suffit simplement de prendre l'habitude de vous poser la question.

• *Le manque d'égoïsme*

Notre éducation nous a souvent fait croire que c'est « mal » de penser un peu à soi. Pourtant il est écrit dans la Bible : « Aime ton prochain comme toi-même. » « Comme », cela veut bien dire « autant, pareil » et non pas « à la place de ». Donc, charité bien ordonnée, c'est moitié-moitié. On pourrait en conclure qu'il est bénéfique d'être égoïste à 50 %. Du reste, prendre soin de vous, écouter vos besoins, vous détendre et vous faire plaisir est indispensable pour offrir à votre conjoint(e), vos enfants, vos amis, vos parents ou votre entreprise, un « vous » reposé, épanoui, souriant et disponible. Si ça, ce n'est pas de l'altruisme !

• ***Les apparences, l'avis des autres et l'envie d'avoir le beau rôle***

Comme c'est dur d'avoir le rôle du méchant, en communication ! Devoir cadrer, refuser, critiquer, frustrer et interdire n'est agréable pour personne. On se voudrait bon, gentil, généreux, tolérant en toutes circonstances. Ah, si on pouvait plaire à tout le monde et n'entendre que des murmures approbateurs dans son sillage ! Ajoutez la peur des conflits et voilà de quoi en paralyser plus d'un dans son envie de s'affirmer.

Il faut redevenir objectif : si quelqu'un doit vous juger, vous condamner ou vous rejeter définitivement pour un seul « non », mérite-t-il vraiment votre estime et votre affection ? Croyez-vous vraiment pouvoir faire l'unanimité et être aimé de tous ? D'autant plus qu'à se vouloir ouvert et tolérant en toutes circonstances, on en arrive quelquefois, à défendre systématiquement, de manière irréfléchie, toute personne attaquée par une autre. Attention, cette automatisation peut vous amener à défendre l'indéfendable, donc vous faire atteindre le but opposé : celui de vous mettre tout le monde à dos.

• ***L'intellectualisation et la rationalisation***

Spontanément, si vous n'écoutiez que votre intuition première, tel ou tel comportement vous révolterait et vous inciterait à vous positionner fermement dans votre zone d'inacceptable. Mais par une intellectualisation intensive, vous arrivez à vous faire douter du bien-fondé de votre opinion. « Le pauvre, c'est parce qu'il souffre qu'il est si méchant et qu'il insulte sa femme… » ou « Ces jeunes de banlieue, c'est pour exprimer leur mal-être qu'ils brûlent des voitures… » ou encore « Elle est exaspérante, mais c'est par gentillesse qu'elle en fait tant. Elle ne comprendrait pas mes reproches. » Lorsqu'on rationalise ces comportements inacceptables, c'est uniquement pour déplacer de l'inacceptable vers la zone de l'acceptable afin d'éviter d'avoir à agir et à se positionner. Ah, quand vous n'aurez plus peur de dire votre façon de penser ! En attendant, il est important de faire la distinction entre l'être et ses comportements. Éric Berne dit : « Dans tout crapaud sommeille un prince. Il n'y a pas besoin de tuer le crapaud, il suffit de réveiller le prince. » Et le meilleur moyen de réveiller un prince est de ne plus cautionner ses comportements de crapauds.

Alors, quelles vont être vos limites ?

Pour sortir de la zone de doute dans laquelle vous avez tourné en rond jusqu'à présent, il vous faut redéfinir très clairement ce qui est acceptable et ce qui ne l'est pas. Et c'est assez simple. Il suffit de le décider, de prendre un moment et d'y réfléchir à tête reposée hors du feu de l'action. Qu'est-ce qui coince ? Lequel des mécanismes cités ci-dessus vous maintient dans le doute ? Est-ce un manque d'information ? De la culpabilité à l'idée d'être méchant ou égoïste ? Comment y remédier ? Outre votre sensibilité personnelle qu'il vous faut respecter pour être authentique dans votre discours et dans vos actes, voici quelques pistes pour faire le tri :

• ***Ce qui doit être et rester inacceptable pour soi et pour autrui :***

- l'atteinte à l'intégrité physique ou morale,
- la transgression des lois,
- le non-respect des règles élémentaires de sécurité (c'est-à-dire la mise en danger),
- le manque de respect de soi, des humains et de leur sens du sacré en général,
- le manque de soin, d'hygiène et l'atteinte à la santé,

– le non-respect des règles de la vie commune, et enfin et surtout :

– l'alimentation et l'entretien du fantasme de toute-puissance de l'enfant ou d'une autre personne : (Maman, secrétaire ou mari 100 % disponible, désirs 100 % satisfaits)

• ***Ce qui doit rester acceptable :***

Pour tous les enfants :

– la vulnérabilité (l'incapacité à se protéger et la difficulté à gérer ses émotions),
– l'imperfection (le droit à la lenteur, à la maladresse, aux erreurs et aux progrès),
– la dépendance (avec des besoins à satisfaire, des désirs à cadrer et un cheminement vers l'autonomie à enclencher vers 7 ans et à atteindre vers 21 ans au plus tard !),
– l'immaturité tant qu'elle reste en rapport avec son âge.

Bref, les caractéristiques naturelles des enfants.

Pour les adultes : À vous de définir votre seuil de tolérance à leur imperfection. Et avant de classer un comportement dans votre zone d'acceptable, posez-vous la question suivante : « Est-ce que, dans six mois, dans un an, je pourrai continuer à accepter aussi sereinement qu'aujourd'hui ce comportement-là ? » Si la réponse est « non », refusez le tout de suite.

Voilà, vous avez maintenant entre vos mains toutes les clés pour clarifier votre esprit. Il peut être bien venu de faire le tri par écrit pour mieux vous y retrouver. Et à l'avenir, quand votre zone de doute sera bien nettoyée, il ne restera plus qu'à classer les nouveaux éléments au fur et à mesure dans les zones d'acceptable ou d'inacceptable. Plus votre zone de doute restera mince, moins on cherchera vos limites. Du reste, les casse-pieds de votre entourage deviendront de puissants alliés puisque, grâce à eux, vous pourrez faire de l'apprentissage rétroactif et intensif. Comme ils ne vous cherchent que sur les points sur lesquels vous n'êtes pas au clair avec vous-même, ils ont le mérite et la gentillesse de vous les signaler.

Comment leur dire ?

« Mais clarifier n'est qu'une infime partie du travail », me direz-vous. « Et à quoi cela me sert-il de savoir qu'une chose est inacceptable si je continue à la subir sans savoir comment la faire cesser ? » C'est une bonne remarque. Devenir observateur d'un mécanisme sans avoir encore les moyens d'agir, c'est une période inconfortable. Mais d'une part, elle sera de courte durée et d'autre part, clarifier son esprit n'est pas une infime partie du travail, c'est la plus grosse partie.

Car poser ses limites se fait à :

- 80 % en clarifiant ses zones d'acceptable et d'inacceptable et en traitant sa zone de doute et de peur.
- 10 % en apprenant à exprimer clairement et simplement les limites.
- 10 % en les resignifiant de temps à autre.

Maintenant, venez découvrir l'existence de votre enfant intérieur.

Chapitre 3

Comprendre la structure de votre personnalité

Grâce aux travaux du psychiatre Éric Berne, le père fondateur de l'Analyse transactionnelle, nous pouvons aujourd'hui mieux comprendre la structure d'une personnalité et son fonctionnement interne. Parti essentiellement de l'observation de ses patients et aussi d'une intuition extraordinaire, Éric Berne a découvert que chaque personnalité a naturellement plusieurs facettes qui s'expriment chacune à son tour en fonction des circonstances. La personnalité d'un adulte est constituée de six facettes. C'est pourquoi, alors que nous croyons communiquer d'une personne unique à une autre personne unique, nous avons éventuellement jusqu'à douze facettes en communications parallèles simultanées. Ces facettes apparaissent les unes après les autres et se développent naturellement au cours des premières années de l'enfance. La structure de certaines de ces facettes est définitive à six ans, les autres continuent à évoluer toute la vie. Pour comprendre comment tout cela se met en place petit à petit, je vous propose de commencer par le commencement, c'est-à-dire par la naissance de l'enfant.

Construction de la structure

• *L'Enfant Spontané*

Au moment de sa naissance, le bébé est essentiellement axé sur ses besoins physiologiques : boire, manger, dormir, faire des câlins et jouer. Et oui, faire des câlins et jouer sont des besoins physiologiques et le resteront toute notre vie ! Il dispose de quatre émotions de base : la joie, la colère, la tristesse et la peur. Cette première facette est la partie la plus riche de notre personnalité, « le prince en nous », dit Éric Berne. On l'appelle l'Enfant Spontané. C'est la partie qui nous permet de nous sentir libres, créatifs et intuitifs. Elle restera en nous pour la vie entière. Bien sûr, si nous n'étions qu'« Enfant Spontané », nous resterions de véritables sauvages et nous ne serions pas adaptés à la vie en société.

• *Puis apparaît la seconde facette, l'Enfant Adapté Soumis*

L'actrice Anémone disait dans une émission de télévision : « Si les enfants sont mignons, c'est par réflexe de survie. C'est pour qu'on ne les balance pas par la fenêtre. » Au-delà du trait d'humour, c'est rigoureusement exact.

Très tôt, dès la maternité, l'enfant comprend que toute sa survie dépend de la bonne volonté de sa mère et c'est à ce moment-là qu'apparaît la seconde facette qui s'appelle *l'Enfant Adapté Soumis*. Si vous êtes allé dans une maternité, vous avez sans doute remarqué que les pleurs des bébés sont déjà différenciés. Certains bébés semblent hurler une colère impérieuse, d'autres semblent au contraire être les bébés les plus malheureux et les plus désespérés de la terre. Et bien, il se trouve que, rien qu'à l'intonation de la mère, au moelleux ou à la crispation de ses bras, à des signes infimes que capte l'enfant, il sent l'approbation ou la désapprobation de sa mère et il s'y adapte.

C'est bien d'une question de survie dont il s'agit. C'est pourquoi l'enfant va ressentir très fortement la peur de l'abandon et ce besoin d'approbation comme un besoin vital de sécurité. Plus tard, pour l'aider à rester dans l'approbation de ses parents, il expérimentera la honte et la culpabilité, deux nouvelles émotions qui sont les émotions fondamentales de la socialisation.

Cette facette de notre personnalité restera très vulnérable. Pour elle, la peur d'être rejetée et le besoin d'être approuvée resteront longtemps des enjeux vitaux. C'est aussi cette partie de nous qui nous rend craintifs, plaintifs, obéissants, en quête d'encouragements et d'approbation.

• *Normalement, tout s'équilibre à l'âge du non : L'Enfant Adapté Rebelle*

Entre deux et trois ans apparaît cette troisième facette de la personnalité. Celle-ci s'appelle l'Enfant Adapté Rebelle. Le besoin de l'Enfant Adapté Rebelle est un besoin d'affirmation de soi pour être traité en personnalité distincte. Jusque-là, l'enfant croyait être « un morceau » de sa mère. Grâce à cette nouvelle facette, il va pouvoir s'individualiser, avoir une identité séparée de celle de sa génitrice. Un deuxième cordon ombilical se coupe à ce moment-là. L'Enfant Adapté Rebelle n'est pas facile à vivre au quotidien. Il s'oppose, critique, boude, se révolte, crie à l'injustice.

Si les parents ne restent pas focalisés sur l'opposition affichée, l'enfant dira « non » sur l'instant mais fera « oui » quelques minutes plus tard. Le « non », le « na » et le « oui, mais... » veulent simplement dire « j'existe par moi-même ». Mais tous les parents n'ont pas le recul et la maturité suffisante pour gérer ce passage avec sérénité. Ils prennent les « non » du tout-petit pour de vrais « non », lui prêtent une capacité d'opposition bien au-delà de ce qui est possible à un bébé de deux ou trois ans et exercent une répression disproportionnée à l'âge de l'enfant. C'est pourquoi je disais au début de ce livre que c'est très tôt dans la vie d'un être humain que se joue le potentiel d'affirmation de soi. La réaction de l'entourage parental et éducatif à ces premières tentatives d'affirmation de soi a un impact direct sur la future capacité à dire « non » de l'enfant. Cette capacité sera acquise, endommagée ou perdue et quelquefois dès la première tentative. Si l'Enfant Adapté Rebelle ne peut se développer normalement, c'est l'Enfant Adapté Soumis qui restera hypertrophié.

Avec ces trois premières facettes, la partie « enfant » de la personnalité est complète. Elle se forme avant la naissance et jusqu'à l'âge de cinq à six ans. Elle évoluera peu par la suite. C'est ce qui amène certains spécialistes de l'enfance à dire que tout se joue avant six ans. Toute notre vie, vivra en nous cette partie tendre et fragile, vulnérable et créative. Même chez l'adulte le plus sérieux, nous pourrons deviner l'ex-enfant à travers le pétillement d'un regard, dans la fossette d'un sourire comme dans sa lippe boudeuse si on le frustre. Lorsque l'enfant intérieur d'un adulte va bien, toute la personnalité va bien. Quand l'enfant intérieur est malheureux, craintif et carencé, l'adulte sera inadapté dans sa vie affective et aussi peut-être dans sa vie professionnelle, notamment par son incapacité à s'affirmer et à dire non…

• *La naissance de la facette adulte*

Entre trois et douze ans se forme la facette suivante. Cette nouvelle facette est appelée l'Adulte et aussi « l'ordinateur » car elle capte, trie, analyse et classe toutes les données qu'elle peut trouver dans la réalité. Si elle a été convenablement stimulée dans l'enfance, cette partie restera curieuse et en constante évolution toute notre vie. Elle commence par la période des « pourquoi ? » incessants puis devient peu à peu objective, logique et rationnelle. C'est une facette neutre, sans affectif, donc forcément froide et souvent très énervante quand elle s'exprime. Par exemple, on la connaît bien, la froideur de cette facette chez l'autre quand on lui dit « Je n'ai plus rien à me mettre ! » et qu'il répond « Tu as exactement douze pulls, six pantalons, cinq jupes et sept robes dans l'armoire. »

En fait, il y a deux types de réponses Adultes : les réponses exaspérantes lorsqu'on oppose des faits à notre besoin de réconfort et de sympathie, et les réponses insolentes lorsqu'on nous expose des faits alors que nous n'attendions qu'une approbation soumise de notre propos. Froide, mais ô combien précieuse, est cette partie Adulte puisque c'est elle qui est en prise directe avec la réalité et qu'elle représente tout notre potentiel d'objectivité.

• ***Les facettes parentales***

Vers 5 ans, apparaît la partie « Parent » qui comporte les deux dernières facettes de la personnalité. Elle se forme entre 5 et 12 ans et pourra ensuite continuer à se développer et se modifier au fil des années. Cette partie Parent est, au départ, directement copiée sur les personnages parentaux qui entourent l'enfant. C'est pourquoi vous allez retrouver chez l'enfant, quand il fait fonctionner sa partie Parent, les mimiques, la gestuelle et les intonations de ses parents. Même chez une personne adulte, lorsqu'elle active sa partie Parent et pour peu qu'on ait connu ses vrais parents, on les retrouve dans sa façon d'être.

La première de ces deux dernières facettes qui constituent la partie Parent s'appelle *le Parent Nourricier*. Celle-ci développe la capacité à « prendre soin de… » au sens large du terme. C'est-à-dire, tout ce qui concerne le *nursing*, le maternage de base. Elle aime nourrir, rassurer, protéger, encourager, et quelquefois même étouffer et surprotéger. Elle découvre les sentiments de pitié, d'attendrissement, la compassion, la tolérance, la patience aussi.

Enfin apparaît la dernière facette, qu'on appelle *Parent Normatif* ou *Parent Critique*.

Cette facette est celle qui intègre les lois, les règles, les jugements de valeur, la morale et qui, à l'âge adulte, en fera une éthique personnalisée. Cette facette fonctionne en termes de « Cela se fait » ou « Cela ne se fait pas », « C'est bien » ou « C'est mal », « C'est bon » ou « C'est mauvais ». Elle découvre le mépris, le rejet, l'intolérance, les interdits et la critique (au nom d'une morale). Elle découvre aussi la discipline qui deviendra de l'autodiscipline dans quelques années. Cette facette peut devenir une bonne structure mentale sur laquelle s'appuyer, mais elle peut aussi devenir un tyran intérieur à l'autocritique permanente, cinglante et inadéquate qui fera vivre un enfer à la personnalité tout entière.

Le fonctionnement de la structure

Avec ces six facettes, la structure de la personnalité est complète et peut fonctionner.

• ***Si la structure a pu s'épanouir normalement***
Lorsque la croissance de l'enfant s'est effectuée normalement dans un contexte parental aidant et chaleureux, l'adulte dispose de six facettes opérationnelles et complémentaires :

- un *Enfant Spontané* pour la gaieté, la créativité et la satisfaction de ses besoins vitaux,
- un *Enfant Adapté Soumis* pour lui permettre de vivre en groupe et d'être adapté à la société,
- un *Enfant Adapté Rebelle* pour s'affirmer et oser remettre en cause l'ordre établi,

– un *Adulte* pour capter et comprendre le monde environnant,
– un *Parent Nourricier* pour prendre soin de lui-même et de sa progéniture,
– et un *Parent Critique*, gardien de sa morale et de son autodiscipline.

Et toutes ces facettes fonctionneront en synergie à l'âge adulte. Une bonne structure de la personnalité est aussi liée à un bon équilibre dans la répartition des énergies dans ces six facettes.

Prenons l'exemple d'une jeune femme appelée Marie. Elle est amoureuse de David. Elle le connaît depuis peu, il lui plaît beaucoup et ce soir, pour la première fois, il l'a invitée au restaurant. Il a promis de passer la chercher vers 20 h 00 et il est 20 h 10.

En quelques secondes, toutes les facettes de Marie vont s'exprimer sur ce sujet et même établir un dialogue entre elles :
– *L'Enfant Spontané* : « Chouette, je vais voir David ! Comme il est beau ! Comme je l'aime ! Quelle bonne soirée on va passer ! Oh, c'est trop génial ! »
– *L'Enfant Adapté Soumis* : « Dis donc, il est quand même drôlement en retard. Pourvu qu'il vienne. Pourvu qu'il m'aime encore. Et s'il avait oublié ? Et s'il avait changé d'avis ? Peut-être que je ne lui plais plus. »

– *L'Enfant Adapté Rebelle* : « Il n'a pas intérêt à prendre l'habitude de me faire attendre comme ça, parce que moi, je vais vite le lui faire payer, non mais ! »
– *Le Parent Critique* : « Tu as raison, cela ne se fait pas, de faire attendre les gens. C'est très mal élevé et tu mérites le respect ! »
– *Le Parent Nourricier* : « Allons, ma petite Marie, ne te met donc pas dans des états pareils ! Bien sûr que tu lui plais encore. On ne change pas d'avis comme ça sans raison. Il a l'air bien élevé, ce garçon, mais il est sûrement aussi intimidé que toi. C'est peut-être pour ça d'ailleurs qu'il est en retard. »
– *L'Adulte* : « Il avait dit *vers* 20 h 00 et non pas à 20 h 00 précises. Donc, il n'est pas encore en retard. À l'avenir, Il faudra lui faire préciser ses horaires, ce sera plus commode pour toi. »

À l'issue de ce moment de bavardage intérieur, Marie va reprendre son attente avec une joie et une patience accrue.

• *Si la structure n'a pas pu s'épanouir normalement*

Mais il est des cas de figure où, à travers une éducation stupide ou maladroite, la structure sera déséquilibrée, certaines facettes ayant été hypertrophiées au détriment des autres. Par exemple, on peut trouver un Enfant Spontané et un Enfant Adapté Rebelle complètement étouffés, un Parent Critique en position de dominant tyrannique, un Adulte peu stimulé, un Parent Nourricier totalement conditionné à répondre aux besoins des autres au lieu de répondre d'abord à ses propres besoins et un Enfant Adapté Soumis placé en insécurité permanente. Quand certaines facettes sont écrasées par les autres, le dialogue intérieur est moins convivial et peut même devenir destructeur et inhibiteur.

Dans l'exemple de Marie, l'expression de ses différentes parties pourrait prendre cette forme.

- *L'Enfant Adapté Soumis* : « Dis donc, il est quand même drôlement en retard. Pourvu qu'il vienne. Pourvu qu'il m'aime vraiment. Et s'il m'avait oublié ? Et s'il avait changé d'avis ? Peut-être que je ne lui plais plus. Je ne lui ai sûrement jamais plu, d'ailleurs. Il s'est moqué de moi, comme tous les autres. Je n'ai vraiment pas de chance avec les hommes. À quoi bon sortir avec lui ce soir, même s'il finit par venir ? Dans le meilleur des cas, je vais encore me faire abandonner au bout d'une semaine. »
- *L'Adulte* : « Il avait dit vers 20 h 00 et non pas à 20 h 00. Donc, il n'est pas encore en retard. Quant à savoir s'il est quelqu'un de bien, il suffit de prendre le temps d'apprendre à le connaître et tu auras l'information. »

– *Le Parent Critique* : « L'information, on l'a déjà ! ça, pour te faire avoir, ma pauvre fille, tu es une championne. Tu fais vraiment n'importe quoi. Tu t'entiches du premier venu, tu t'emballes au premier regard et après, à chaque fois, forcément, tu es déçue. Ce garçon, il ne vaut pas mieux que les autres. Tu ne sais jamais choisir quelqu'un de valable. Ça vaudrait même mieux pour toi qu'il ne vienne pas. Ça t'éviterait encore bien des déboires ! »

Le Parent Nourricier non concerné, *L'Enfant Adapté Rebelle* totalement inhibé et *L'Enfant Spontané* triste et éteint restent silencieux.

Dans l'attente, Marie deviendra anxieuse et découragée. Voilà un exemple des mécanismes par lesquels on arrive à ne plus oser dire, plus oser faire et à se demander pourquoi on ne sait pas dire stop et dire non.

Rééquilibrer la structure, réhabiliter et énergétiser chacune de nos facettes et surtout mettre notre Enfant Adapté Soumis si vulnérable à l'abri, voilà l'étape suivante que je vous propose pour avancer sur le chemin de l'affirmation de vous.

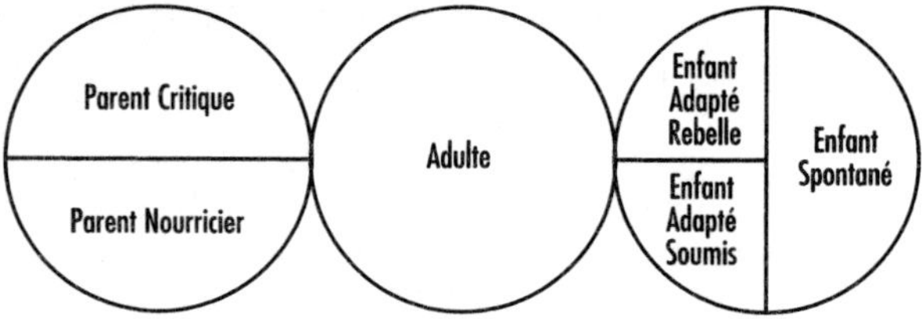

Récapitulatif de la structure d'une personnalité au complet

L'ENFANT • AFFECTIF : besoins et émotions spontanés ou conditionnés

C'est l'enfant que nous étions autrefois et qui est resté en nous. Nous sommes dans cet état du moi lorsque nous nous conduisons comme nous l'aurions fait autrefois en étant petits. L'enfant exprime sans détour des sentiments les plus profonds. Il se forme avant la naissance et jusqu'à 5-6 ans. Il évolue peu ensuite. C'est la partie la plus archaïque et la plus riche de la personnalité (selon Éric Berne).

Enfant Spontané : intuition, créativité, sensations et émotions. Son rôle : fournir les informations nécessaires sur les besoins physiques et psychologiques, au moment où ils se manifestent. Accumuler et transformer l'énergie perçue dans l'environnement pour activer et mobiliser l'Adulte et le Parent.

Enfant Adapté : très tôt, l'enfant commence à percevoir les demandes et les attentes de ses parents à son égard. Pour répondre à ces attentes, il va être obligé de modifier ses réactions et même ses sentiments. Il n'a pas d'autre choix possible devant des êtres dont dépend sa survie physiologique et psychologique.

Enfant Adapté Soumis : c'est la partie de l'enfant qui a besoin de l'approbation et de l'encouragement de son entourage. Il a peur de mal faire, essaie de deviner ce qu'on attend de lui.

Enfant Adapté Rebelle : Il développe aussi des réflexes conditionnés en réaction à la demande parentale mais en la prenant à contre-pied. Il réagit d'abord en s'opposant.

L'ADULTE • OBJECTIF : informations en prise avec la réalité

C'est l'état du moi dans lequel la personne examine objectivement la réalité externe et interne. On l'appelle couramment « l'ordinateur ». L'Adulte se développe principalement entre 3 et 12 ans. Son évolution est constante ensuite.

Son rôle : recueillir, enregistrer et traiter des informations, faits, idées, probabilité sans émotion ni préjugé. Comprendre, analyser, élucider les informations pour élaborer les stratégies les plus adéquates pour son développement.

LE PARENT • PROTECTEUR et CADRANT

C'est l'état du moi qui dérive de personnages parentaux (c'est-à-dire d'adultes de notre entourage qui ont joué ce rôle). Dans cet état-là, la personne ressent, vit, pense, réagit et parle comme le faisait une de ces figures parentales lorsqu'elle était plus jeune. Le Parent se forme pour l'essentiel entre 5 et 12 ans. Il peut se développer et se modifier après.

Critique ou **Normatif** : valeurs, règles, traditions, jugements. Son rôle : définir la réalité en termes de valeurs et de règles, structurer l'enfant en lui posant des limites et des points de repères qui lui permettront ultérieurement de s'adapter à la vie sociale et d'avoir des solutions «toutes prêtes» quand cela est nécessaire devant un problème répétitif ou lorsqu'il faut agir rapidement.

Nourricier : prise en charge, protection, confort de l'enfant.

Rappel : Il ne s'agit pas d'attitudes enfantines, adultes ou parentales «en général» mais de personnes réelles, de situations effectivement vécues par la personne.

Chapitre 4

Protégez votre enfant intérieur

Lorsque l'enfant intérieur d'un adulte va bien, toute la personnalité va bien. Quand l'enfant intérieur est malheureux, craintif et carencé, la personne adulte sera inadaptée dans sa vie affective et aussi, peut-être, dans sa vie professionnelle, notamment à cause de cette incapacité à s'affirmer et à dire non, mais aussi à cause d'une trop grande soif de séduction, d'attention, d'approbation ou de réactions émotionnelles inappropriées. Pour pouvoir pratiquer sereinement l'affirmation de soi, il faut que la synergie intérieure soit constructive et protectrice. Rééquilibrer la structure de votre personnalité, réhabiliter et énergétiser chacune de vos facettes et surtout mettre votre Enfant Adapté Soumis si fragile et si vulnérable à l'abri, voilà l'étape suivante que je vous propose au cours de ce chapitre.

Les dégâts causés par l'éducation

Les travaux en Analyse transactionnelle ont prouvé que l'éducation des enfants ne stimulait pas équitablement toutes les facettes de leur personnalité et qu'elle était de plus, très différenciée en fonction des sexes. Et oui, les bons vieux clichés masculins et féminins circulent toujours et conditionnent encore aujourd'hui l'attitude des parents comme celles des éducateurs et des professeurs vis-à-vis des filles et vis-à-vis des garçons. La libération des femmes ne semble pas avoir changé grand-chose dans les mentalités. Les femmes continuent à assumer plus de 80 % des tâches ménagères ainsi que les visites chez le médecin, le dentiste et les professeurs, les hommes à travailler trop tard au bureau pour être présents auprès de leurs enfants. On a récemment filmé un petit garçon de cinq ans en train de jouer. Les adultes conviés à visionner ce film ont trouvé l'enfant adorable, plein de vie et de mouvement. Puis le même petit garçon a été à nouveau filmé, jouant de la même façon mais déguisé en fille, affublé d'une robe et de barrettes dans les cheveux. Et cette fois, son attitude a choqué les adultes. Cette petite fille a été jugée anormalement violente, bruyante et hyperactive.

ùAu niveau de la stimulation de l'Adulte, là encore, les rôles sont très différenciés. L'intuition est respectée et encouragée chez les filles mais pas leur rationalité ni leur curiosité. Une petite fille sera vite jugée « trop » curieuse si elle pose beaucoup de questions. Inversement, si on autorise les garçons à développer leur esprit rationnel et si l'on encourage leur curiosité naturelle, on continue à les dissuader d'utiliser leur intuition.

Mais c'est au niveau du développement de la partie Parent que la disproportion éducative devient la plus criante. On hypertrophie le Parent Nourricier des filles tout en leur apprenant surtout à l'orienter vers l'extérieur, leur Parent Critique étant conditionné à une autodiscipline intensive et à une endurance maximale à la frustration. Inversement, chez les petits garçons, on stimule peu le Parent, les invitant implicitement à rester dépendant du maternage et du cadrage d'autrui plus longtemps.

Bref, l'éducation a trop souvent pour effet de déséquilibrer la structure naturelle de la personnalité et d'en entraver le fonctionnement autonome.

Mettez votre Parent Nourricier à votre propre service

Charité bien ordonnée commençant par soi-même, il faut réorienter le besoin de materner de votre partie Parent, vers vous-même, au moins à 50 %. Développez votre capacité à respecter tous vos besoins : sommeil, nourriture équilibrée, hygiène, sport, détente. Cela veut aussi dire vous écouter davantage et vous entendre quand vous avez soif, froid ou chaud, vous soigner quand vous êtes malade, savoir cuisiner, faire le ménage (pour s'offrir un cadre de vie digne de son petit prince intérieur). Et enfin, apprendre à vous rassurer, à vous encourager et à vous protéger, que ce soit physiquement ou mentalement. Bref, à devenir une vraie mère pour vous-même. Lorsqu'on est bien nourri, reposé, aimé et protégé, on est en bien meilleur état pour affronter les situations stressantes. L'estime que l'on se porte à travers les tendres attentions que l'on a pour soi-même permet de se sentir plus légitime à se faire respecter.

Faites taire votre tyran intérieur

La partie Parent Critique est rarement stimulée d'une manière aidante pour l'enfant. Critique, dévalorisante, tyrannique, épuisante, harcelante, elle remplit mal sa fonction de protection de l'éthique personnelle et reste encombrée des valeurs d'autrui sur des notions de bien et de mal, de bon ou de mauvais depuis longtemps périmées. Lorsqu'elle n'est plus qu'un tyran intérieur, sa seule fonction devient le sabotage permanent. Si c'est votre cas, je vous invite à lire *Apprivoisez votre Gremlin !* de Richard D. Carson (Éditions Jouvence) qui vous donnera toutes les pistes pour déjouer votre saboteur intérieur. Pour pouvoir commencer à vous affirmer, il faut que cette partie Parent Critique mette bien son énergie à défendre VOS valeurs et VOS croyances et non pas celles des autres. Et vérifiez donc par la même occasion qu'elle ne continue pas à croire que « C'est mal de s'affirmer » ou que « C'est vilain de tenir tête aux adultes »… Il s'agit donc d'une véritable rééducation de la partie Parent. En surveillant la qualité de ses dialogues intérieurs, on peut vérifier que le Parent est devenu aidant. Ses discours ne doivent plus vous critiquer, vous dévaloriser et vous décourager mais au contraire vous rassurer, vous encourager et vous protéger. Parlez-vous comme vous parleriez à votre meilleur ami.

Mettez l'Adulte au travail

La partie Adulte de vous est neutre, objective, sans affectif. Pour cette partie de vous, la pièce où vous vous trouvez n'est ni grande, ni petite. Elle fait X m^2. Il n'y fait ni froid ni chaud, il fait X degrés.

Des chiffres et des faits, voilà la matière première avec laquelle elle aime travailler. Les questions qu'elle préfère sont le célèbre « Q Q O Q C C » des policiers (Qui ? Quoi ? Où ? Quand ? Comment ? Combien ?). La partie Adulte est souvent vécue comme froide, voire repoussante surtout par les femmes puisqu'on les a encouragées à rester intuitives et à ne pas devenir rationnelles. Pourtant l'Adulte adore apprendre, comprendre et stocker de l'information. De plus, cette partie Adulte est particulièrement précieuse puisque c'est elle qui est en prise directe avec la réalité et qu'elle représente tout le potentiel d'objectivité. C'est donc elle qui pourra le mieux répondre, hors affectif justement, aux questions qui terrorisent l'enfant intérieur :

- N'est-ce pas un peu naïf et utopique d'espérer plaire à tout le monde ?
- Que m'importe l'amour de gens qui ne me sont rien ?
- Et pour ceux qui me sont chers : s'ils doivent vraiment me retirer leur amour parce que j'ai refusé de rendre un service, méritent-ils mon affection ?

– Quant aux représailles que je redoute, quel est le pire qui puisse m'arriver si je dis non ?
– Jusqu'à quel âge vais-je laisser aux autres adultes le pouvoir de me traiter en enfant soumis ?

Ne trouvez-vous pas que les réponses changent radicalement lorsque c'est l'Adulte qui y répond ?

Tous les enfants aux abris !

Les êtres humains ont deux besoins vitaux et opposés : s'affirmer et être approuvés. Et le fantasme de beaucoup d'entre eux serait d'être sûrs d'être approuvés quand ils s'affirment. Grandir, mûrir, consiste à faire passer le besoin de s'affirmer par-dessus celui d'être approuvé et à accepter de prendre le risque de déplaire. Mais pour pouvoir le faire en toute sécurité, il faut mettre son enfant intérieur à l'abri sous la protection des autres facettes de notre personnalité. La partie la plus vulnérable de vous est l'Enfant Adapté Soumis. C'est elle qui reste terrorisée à l'idée d'être abandonnée. Cette partie doit donc être entourée de chaleur, baignée d'amour inconditionnel, dans les bras du Parent Nourricier.

Exercice d'imagination réparatrice

Au carrefour d'un rêve éveillé, d'une relaxation, d'une visualisation créatrice et d'une auto-hypnose, cet exercice vous propose de mettre définitivement à l'abri votre enfant intérieur.

Quelques précautions : Si vous pensez avoir vécu des choses graves et traumatisantes dans votre enfance et si vous pensez qu'elles risquent de remonter en surface lors de la prise de contact avec votre enfant intérieur, ne faites cet exercice que dans un cadre thérapeutique avec l'accompagnement d'un professionnel de la relation d'aide.

Avant l'exercice, pour faciliter la visualisation de votre enfant intérieur, vous pouvez regarder des photos de vous petit et mémoriser la bouille de l'adorable petit bouchon que vous étiez vers 3-4 ans.

Installez-vous confortablement dans un fauteuil (si vous vous allongez, vous risquez de vous endormir). Prenez un moment pour vous détendre. Fermez les yeux, écoutez les bruits extérieurs, intéressez-vous à votre respiration pour la rendre calme, ample, régulière jusqu'à ce que vous sentiez une paix profonde et agréable s'installer en vous. Alors, créez sur l'écran de vos paupières fermées, un paysage qui symbolise ce calme intérieur. Prenez tout le temps de vous installer mentalement dans le site que vous avez choisi, d'en apprécier la beauté, d'en entendre les sons, d'avoir même les sensations d'être installé confortablement dans ce paysage au contact de la nature environnante.

Puis imaginez-vous adulte, dériver à travers les années à la rencontre de l'enfant que vous étiez, de cette partie de vous qui redoute tellement la désapprobation des adultes. Vous pourrez peut-être voir l'enfant ou simplement sentir sa présence. C'est un enfant très jeune. Observez ce qui se passe dans sa vie, cherchez à comprendre ce qu'il vit, ce qu'il croit. Vous retrouvez sûrement des souvenirs oubliés ou mal compris à l'époque. Ensuite, vous allez vous présenter, tendre vos bras à l'enfant et lui dire que vous venez pour l'adopter. Dites-lui que vous l'aimez de façon inconditionnelle, qu'avec vous, il aura le droit d'être lui-même, parfait dans son imperfection et dans toutes ses émotions, et qu'il n'aura plus jamais à avoir peur de manquer d'amour ou de déplaire à quiconque parce que vous le défendrez toujours. Bref, dites-lui tout ce qu'il a besoin d'entendre de vous pour se sentir bien et faites-lui un gros câlin.

Cela peut être un moment très émouvant. N'ayez pas peur de vos émotions. Si vous pleurez, ce seront de bonnes larmes. Celles d'un enfant qui vient de trouver refuge dans les bras d'une figure parentale aimante et protectrice. Puis imaginez-vous revenir dans le paysage avec l'enfant cramponné à votre cou. Vous pouvez jouer un moment avec lui, lui faire visiter les lieux. Regardez-le se détendre, se lâcher, s'autoriser à redevenir un enfant spontané et plein de vie. Écoutez son rire cristallin. Lorsqu'il vous aura adopté en retour, vous vous imaginerez vous installer confortablement dans votre paysage, l'enfant sur vos genoux, blotti contre votre poitrine, son pouce dans la bouche. Pendant qu'il s'endormira et deviendra lourd et confiant dans la chaleur de votre amour, il est important que la partie Parent de vous réalise bien que c'est ce tout petit bout de choux qui était terrorisé d'avoir à s'affirmer. Sentez monter en vous l'instinct de protection, l'envie de vous interposer pour que plus personne ne puisse lui faire du mal. L'enfant dort, lourd et chaud et vous le bercez tendrement. Il ne se sentira plus seul, ne manquera plus d'amour ni de protection. Maintenant, vous veillez sur lui. Il est à l'abri.

Quand vous aurez envie de clore l'exercice, il vous suffira de bailler, de vous étirer voluptueusement comme un chat puis d'ouvrir les yeux pour interrompre la relaxation.

Voilà, le travail est fait. Et l'enfant intérieur restera au chaud à l'intérieur de vous.

Par la suite, pour renforcer l'efficacité de cet exercice, vous pourrez retourner régulièrement câliner votre enfant intérieur et jouer avec lui. À chaque fois que vous aurez besoin d'entrer en confrontation avec quelqu'un, si vous sentez monter l'inquiétude, bercez votre enfant intérieur, rassurez-le et envoyez-le faire de la balançoire ou jouer au ballon dans votre paysage intérieur en lui disant : « Vas jouer et ne t'en fais pas. Tu n'es pas concerné par cette histoire. C'est moi l'adulte, qui m'occupe de tout cela. Je reviens te chercher dès que j'ai fini. »

En plus des besoins d'affirmation de soi, lorsque l'enfant intérieur est à l'abri, c'est tout le traitement des états d'âme quotidiens qui en est facilité. Rappelez-vous ce que je vous disais en début de ce chapitre : « Lorsque l'enfant intérieur d'un adulte va bien, toute la personnalité va bien. Quand l'enfant intérieur est malheureux, craintif et carencé, c'est l'adulte qui sera inadapté dans sa vie affective ou professionnelle. » Alors, quand ça ne va pas, quelle qu'en soit la raison, bercez, câlinez, consolez, aimez autant que vous pourrez votre « pitchounet » intérieur.

Chapitre 5

Les bons réflexes relationnels

Vous êtes sorti du doute et vos limites sont clairement définies dans votre tête. Votre enfant intérieur est à l'abri et au chaud dans le creux de vos bras, il n'a plus peur d'être rejeté ou abandonné. La deuxième clé du cercle infernal est donc également désamorcée. La culpabilité a commencé à disparaître quand vous avez compris l'utilité des limites et dès que vous maîtriserez l'art de dire les choses avec tact et efficacité, vous ne risquerez plus de blesser quiconque en vous affirmant.

Mais les gens qui ne savent pas dire non ont souvent de très mauvais réflexes communicationnels. Ce qui les dessert principalement est un manque de recul considérable pendant l'interaction. Tel le taureau attiré par le chiffon rouge, ils foncent dans la communication, tête baissée, sans réfléchir et s'y font piéger systématiquement. Lorsqu'on leur fait prendre conscience de cela, ils se disent simplement trop « spontanés » et revendiquent d'ailleurs cette spontanéité comme étant une preuve de sincérité et de vérité de leur part. C'est pourquoi, bien qu'étant en souffrance et demandeurs de solutions, ils sont aussi très réticents à apprendre des techniques relationnelles. Ils les croient calculatrices et manipulatoires. Ils pensent que s'ils perdent leur sacro-sainte spontanéité, ils vont aussi perdre leur naturel et vont devenir des êtres artificiels et avoir des réactions factices. Et ce n'est pas toujours facile de leur faire perdre ces croyances pourtant bien limitantes.

Ne confondons pas « hypocrisie » et « diplomatie ». Certaines personnes m'assurent détester le mensonge et ne JAMAIS mentir. Heureusement que c'est faux. Il serait fort fâcheux pour elles d'être obligées de toujours dire ce qu'elles pensent avec exactitude. Nous mentons à longueur de journées. « Oui, ta nouvelle coiffure te va très bien », « Non, ça ne me dérange pas du tout de te rendre ce service », « Nous aussi, Belle-maman, nous sommes heureux de vous voir dimanche ! »

Les phrases de ce genre sont-elles toujours à 100 % sincères ?

Alors, faisons un détour du côté de la spontanéité : si une personne est spontanée, cela veut dire qu'à un stimulus X, elle aura une réaction Y, automatique, non calculée, ni réfléchie. Cela implique qu'à chaque fois que se produira X, la réaction sera systématiquement Y, sinon elle ne se situe plus dans le registre de la spontanéité mais dans celui des réactions contrôlées et choisies. Tout changement de réaction serait une sortie de la spontanéité. C'est donc comme si cette personne avait un clavier installé sur sa poitrine et qu'en actionnant la touche X, on soit sûr d'obtenir la réponse Y. En résumé, la spontanéité est en fait la plus puissante des programmations mentales, très proche du réflexe conditionné.

« Dès qu'on aborde ce sujet, c'est plus fort que moi, ça me met tout de suite en colère ! » dit la personne spontanée. Très bien, la prochaine fois que quelqu'un voudra la mettre en colère, il n'aura qu'à aborder ce sujet-là !

Il y a aussi quelquefois une forme de paresse intellectuelle à refuser de remettre en cause son mode relationnel. « S'il faut que je réfléchisse à tout ce que je dis ! » me dit-on quelquefois d'un air outré. Bien sûr qu'il faut réfléchir à ce que l'on dit autant pour éviter de blesser les autres par ses gaffes que pour se protéger des manipulateurs !

En revanche, il est vrai qu'on ne peut pas agir et réfléchir en même temps. Notre mémoire de travail ne peut traiter que six à huit informations à la fois. C'est pourquoi elle est très vite saturée d'informations et pour peu que l'émotif s'en mêle, sa vigilance diminue encore. Notre attention se concentre sur les six à huit points essentiels et est obligée de faire abstraction de tout le reste. Mais à froid, hors du feu de l'action, notre réflexion peut à nouveau se tourner vers les aspects qu'elle avait dû négliger sur le moment et c'est là que nous pouvons prendre conscience de tout ce qui a échappé à notre vigilance.

Qui n'est jamais sorti d'une discussion avec l'impression d'avoir manqué d'à propos ? « J'aurais dû lui répondre... » « Puisqu'on y était, c'était le moment d'aborder le sujet de..., j'ai raté une belle occasion. » « Mais quel idiot j'ai été de ne pas lui dire..., je n'ai vraiment aucun sens de la repartie ! »

Le sens de la repartie n'est qu'un entraînement intensif à préparer ses répliques à l'avance. Dans les films où s'enchaînent des dialogues percutants avec une illusion de repartie rapide et « spontanée », il y a, à l'origine, un script longtemps étudié et remanié et des acteurs qui ont appris et répété leur texte. Dans la vie de tous les jours, c'est un peu pareil. Il y a d'un côté ceux qui disent : « Si j'avais su... » ou « Je n'aurais jamais dû... » et qui se renforcent dans l'idée de ne pas être doués pour la communication et de l'autre ceux qui disent : « À partir de maintenant je saurai que... » et « Une prochaine fois, je ferai..., je dirai... », c'est-à-dire ceux qui apprennent de leurs propres erreurs et qui s'en servent pour progresser.

Ce que je vous propose, c'est de prendre du recul, d'observer, de comprendre, d'apprendre, de tester, d'essayer, de rater, de recommencer… Bref, d'entrer dans la dynamique de l'apprentissage.

Voici les bons réflexes relationnels à acquérir pour être sûr de ne plus vous faire piéger dans vos relations. Adieu chiffons rouges !

Refusez la pression de l'urgence

« Si c'est urgent, c'est qu'il est déjà trop tard », disait Talleyrand.

C'est important de réaliser que la pression de l'urgence est TOUJOURS injustifiée, disproportionnée et néfaste pour vous comme pour les autres. Car il n'y a de réellement grave ici bas que la maladie et la mort. Et même face à la maladie et à la mort, c'est justement la capacité à rester calme et lucide dans l'urgence qui rendra l'action du médecin ou du pompier efficace. Vous l'avez, de plus, maintes fois expérimenté : la précipitation induit un manque de réflexion et de prise d'information, donc rend inefficace, fait commettre des erreurs et, en fin de compte, fait perdre bien plus de temps qu'on espérait en gagner. Mais surtout, l'urgence est un excellent moyen de manipuler les gens. Quand un vendeur vous dit : « C'est le dernier que j'ai en stock et il y a des gens intéressés qui doivent repasser », c'est juste pour vous forcer la main et vous le savez bien. Entre se dépêcher ou réfléchir, il faut choisir ! Mais cela fonctionne aussi et de façon plus sournoise dans bien d'autres situations. Toute personne qui vous met la pression de l'urgence cherche à vous manipuler, ne serait-ce que pour vous faire porter SON stress. Alors, stop ! Vous avez maintenant toutes les bonnes raisons de refuser définitivement la pression de l'urgence en toutes circonstances ! Donnez-vous la permission de prendre le temps nécessaire pour faire les choses. On ne fait pas pousser une plante en lui tirant sur les feuilles, n'est-ce pas ? Entraînez-vous à répondre : « J'ai entendu ta demande, j'y réfléchis et je te rappelle demain pour te donner ma réponse. »

On a le droit de ne pas répondre aux questions

Pour certains, le droit de ne pas répondre aux questions est une évidence de longue date.

Pour d'autres, c'est une découverte extraordinaire qui leur ouvre des horizons nouveaux de permissions, d'autoprotection, d'intimité préservée et de liberté auxquels ils n'avaient encore jamais eu accès. Au départ, on interdit aux enfants de ne pas répondre aux questions des adultes. Et en fonction des milieux familiaux, cet interdit est levé progressivement, ce qui est naturel ou maintenu et renforcé au fil du temps, ce qui devient pathologique. On m'a même cité le cas d'une mère qui payait sa fille adolescente pour en obtenir les confidences ! C'est monstrueux ! Les gens pour qui l'interdit ne s'est pas levé continuent à répondre à toutes les questions même lorsqu'elles sont indiscrètes ou piégeantes. Ils en sont *a posteriori* très malheureux. « Mais qu'est-ce qui m'a pris de lui parler de cela ? Ça ne le regardait pas ! »

Pour ne pas répondre aux questions, il existe plein de possibilités. On peut :

- Ignorer la question, comme si on ne l'avait simplement pas entendue.
- Répondre de façon très évasive : « Ça dépend… » « Des fois oui, des fois non… »
- Exprimer un refus diplomate : « Oh, c'est une trop longue histoire… »
- Formuler un refus plus ferme : « Ça ne te regarde pas », « C'est trop personnel, je ne veux pas t'en parler. »
- Utiliser l'humour : « Si on te le demande, tu diras que tu m'as posé la question. »
- Donner une réponse totalement farfelue : « Où sont les serviettes de bain ? Elles sont à leur place, dans le frigo, comme d'habitude ! »
- Ou enfin, différer sa réponse, maintenant que vous savez refuser l'urgence : « Je ne vais pas répondre à cette question entre deux portes. Prenons un moment demain pour en reparler plus longuement. »

Et à l'inverse, stimulez la curiosité de votre Adulte. Autorisez-vous à poser toutes les questions utiles pour connaître en détail les tenants et les aboutissants de vos engagements avant de les prendre.

« Quel sera le montant de mon salaire annuel ? »

Autorisez-vous à changer d'avis

« Il n'y a que les imbéciles qui ne changent pas d'avis ! » scandait une publicité française pour des desserts lactés. Pourtant, le respect de la parole donnée est sacré pour beaucoup de gens même s'ils se sont souvent sentis bien piégés par leurs propres promesses. Il y a les promesses mal réfléchies pour lesquelles ils n'ont pas mesuré au préalable le degré de temps, d'énergie ou d'argent qu'elles leur coûteraient (« Aucun problème, je te la saisirais à l'ordinateur, ta thèse de doctorat ! »). Il y a celles pour lesquelles les données ont changé en cours de route (Lorsque Nicolas a promis à sa fille de l'emmener au cirque, il ne savait pas qu'il grelotterait de fièvre ce jour-là.) Et les promesses pour lesquelles certaines données ont été cachées au moment de la promesse (Il ne m'avait pas dit que le train auquel il veut que je vienne le chercher n'arrive qu'à 2 heures du matin.) ou celles pour lesquelles nous avons subi la désormais célèbre pression de l'urgence.

Autorisez-vous à changer d'avis. La bonne règle de communication est : six heures pour régler les malentendus. Cela laisse le temps d'y réfléchir et de formuler une réponse diplomatique et cela évite de laisser s'installer des situations inconfortables. « J'ai repensé à ce que tu me demandes et en fait, je t'ai dit oui trop vite. À la réflexion, ça ne m'intéresse pas du tout. Je suis désolé si je t'ai fait une fausse joie. »

Lorsque je dis en conférence : « Osez dire à vos enfants : Oui, je t'avais promis, mais j'ai changé d'avis. », je choque beaucoup de parents qui s'en voudraient de trahir ainsi la confiance de leurs chers petits. Pourtant, d'après Milton Erikson, le grand hypnothérapeute américain, nos enfants deviennent des spécialistes de l'hypnose indirecte avant l'âge de deux ans et sont maîtres dans l'art de nous harceler pour nous extorquer des promesses. Donc, il serait bien venu que nos manipulateurs en herbe aient de temps en temps la monnaie de leur pièce. D'autre part, ils rencontreront dans leur vie d'adulte, des gens qui ne tiennent pas leurs promesses ou des escrocs qui leur mentiront la main sur le cœur, parole d'honneur. Tenir toujours une promesse faite à un enfant risque de le rendre extrêmement naïf plus tard. Apprenez-lui plutôt à vérifier la véracité des engagements, à prendre des garanties, à oser réclamer et conserver des preuves écrites. Objectivement, combien de fois dans votre vie, ces précautions qui vous auraient protégé, vous ont-elles fait défaut ?

Ne donnez plus de fausses raisons à votre refus

Il n'existe que deux « non » totalement incontournables : « Non, je n'ai pas besoin » et « Non, je n'ai pas envie ». Comme ils nous paraissent souvent trop difficiles à prononcer, nous donnons des prétextes, des excuses ou des explications plus ou moins crédibles. La plupart du temps, nos interlocuteurs n'insistent pas parce qu'ils sont polis mais ils gardent une mauvaise opinion de nous. Ils nous trouvent, avec raison, un peu lâches et menteurs. Quant aux autres, les malpolis, les lourdauds ou ceux que notre refus maladroit n'arrange pas, ils passeront outre et sauront nous acculer dans nos derniers retranchements. Il ne nous restera comme choix que de dévoiler finalement nos batteries : « Non, je n'ai pas besoin », « Non, je n'ai pas envie » ou de dire un « Bon, d'accord » amer et vaincu. Notre entourage sait gérer les fausses objections aussi bien que le commercial le plus aguerri.

– « Nous ne pourrons pas venir dimanche, Belle-maman, je suis vraiment trop fatiguée. »

– « Mais, justement, ma chère, venez vous reposer à la campagne, je m'occuperai de tout, vous n'aurez rien à faire ! »

ou bien :

– « Ah, ça tombe mal, je ne pourrai pas venir. Jeudi, je vais chez le dentiste ! »

– « Ce n'est pas grave. Quel jour t'arrangerait ? »

Ne donnez plus de fausses raisons à votre refus. Vous allez bientôt découvrir les moyens de dire de vrais « non », avec tact et avec beaucoup plus de simplicité.

Ne vous justifiez plus

« Qui s'excuse s'accuse », dit le proverbe. À chaque fois que je me justifie, je plaide coupable.

Imaginez le dialogue qui pourrait avoir lieu entre une vendeuse et vous dans un magasin :

– « Combien coûte ce pull-over ? »

– « Euh, il fait 80 €. Parce que vous comprenez, nous les achetons déjà 25 € / pièce à l'usine qui les fabrique. Entre les taxes, les charges, le salaire du personnel et le loyer du magasin, on ne peut pas faire autrement que de les vendre à ce prix-là. Sinon on ne rentre plus dans nos frais et il n'y a plus qu'à mettre la clé sous la porte. Surtout qu'il va y avoir les illuminations de Noël et c'est nous les commerçants qui allons en payer la facture d'électricité… »

Plus elle insistera avec de nouveaux arguments, abondant dans le même sens, plus le prix du pull-over vous paraîtra inacceptable et la boutique et sa vendeuse bien bizarres. Il aurait mieux valu qu'elle dise sobrement : « Il coûte 80 € parce qu'il est en pure laine vierge » et vous auriez trouvé le prix correct. Plus l'explication est courte et affirmée, plus elle est convaincante.

De la même façon, beaucoup de jeunes parents s'enlisent dans des justifications interminables quand ils essaient de poser une limite à leur enfant. « Il faut que tu ailles au lit maintenant parce que sinon demain tes petits yeux ne pourront pas s'ouvrir et puis tu vas être tout fatigué à l'école et comme tu n'écouteras pas bien la maîtresse, tu auras des mauvaises notes, etc. » Que d'énergie gagnée pour un résultat tellement plus efficace lorsqu'on sait dire simplement : « Tu vas au lit maintenant parce qu'il est tard. »

D'autre part, refusez d'entrer dans le jeu des « pourquoi ? » qui cherche à vous mettre en accusation.

Ce sont souvent les anxieux qui nous obligent à nous justifier pour se rassurer mais ils obtiennent le résultat opposé. Imaginez une autre scène : vous exprimez vos inquiétudes à un chirurgien quant à l'opération que vous devez subir. Celui-ci, croyant que vous mettez en doute sa compétence, vous supplie de vous laisser opérer par lui parce qu'il est un très bon chirurgien et qu'il réussit toutes ses opérations. Regagnera-t-il votre confiance avec ce comportement ?

Il y a des choses qui sont impossibles à prouver : l'amour, la fidélité, l'honnêteté… Plus on essaiera de le faire, plus on renforcera l'autre dans ses raisons de douter. Alors, ne vous justifiez plus. Donnez une explication courte et tenez-vous à cette explication : « Je t'ai donné ma raison, si elle ne te convient pas, je ne peux rien faire de plus. »

En prenant tout le temps dont vous avez besoin pour réfléchir calmement, en vous donnant le droit de ne pas répondre aux questions, l'autorisation de changer d'avis, en énonçant de vraies raisons courtes, affirmées et sans justifications inutiles à vos refus, les relations humaines vont brusquement vous paraître bien plus simples à gérer. Il ne vous reste plus qu'à apprendre le langage dynamique et le non diplomatique pour que votre palette d'outils d'affirmation de vous soit complète.

Chapitre 6

Le langage dynamique

Maintenant, nous allons nous intéresser plus spécifiquement à l'art d'énoncer clairement et simplement ce que nous avons à dire. Les mots que nous utilisons, nos tournures de phrases, nos expressions en disent plus long sur nous-mêmes que nous ne pourrions le soupçonner. Sans le savoir, nous exprimons nos peurs, nos doutes ou notre manque de motivation et sans le savoir non plus, nos interlocuteurs les captent cinq sur cinq.

Par exemple, si vous entendez quelqu'un vous dire : « Demain, j'essaierai d'être à l'heure », vous ne serez pas surpris de son retard malgré la bonne volonté affichée. Cette personne vous a prévenu d'avance que sa ponctualité ne serait qu'un « essai ». Ainsi, il est possible en étant plus attentif au langage employé de modifier le sien, autant pour qu'il reflète mieux ce que l'on souhaite montrer de soi-même que pour se dynamiser en le prononçant.

Faites ce test : remplacez : « *Il faudrait que* je fasse (telle chose) » par : « *Je choisis de* faire (cette chose) *maintenant*, pour que (raison positive pour vous). » Ça change tout, n'est ce pas ?

Souvent, les gens utilisent des formulations tellement tièdes, hésitantes et compliquées que leurs interlocuteurs ne savent même pas qu'il s'agit d'une demande ferme ou d'un ordre. Espérer obtenir un silence total en disant : « Soyez gentils les enfants, faites un tout petit peu moins de bruit, s'il vous plaît », est totalement utopique. Mais la mère qui prononce ce genre de phrases vous dira : « Mes enfants ne m'écoutent jamais ! » sans réaliser que les enfants ont pourtant obéi à sa demande en faisant effectivement juste « un tout petit peu moins de bruit », exactement comme elle l'avait demandé.

De notre petite enfance, nous avons gardé la nostalgie d'être « devinés » par notre entourage. Bien que nous ayons grandi, nous attendons encore des adultes qui nous côtoient qu'ils nous devinent à demi-mot. En échange, nous nous efforçons également de lire dans leurs pensées. Malheureusement, la pensée d'un adulte est extraordinairement riche et complexe. Tellement complexe que nous avons parfois du mal à nous comprendre nous-mêmes ! Alors, comment les autres pourraient-ils nous comprendre si nous ne leur disons pas clairement les choses ? Et puis, est-ce vraiment leur rôle de déployer les efforts et l'attention d'une mère pour son tout-petit pour nous décoder, alors que nous maîtrisons maintenant le langage ? Mais énoncer clairement et simplement ce que nous avons à dire n'a pas fait partie de notre éducation. Nous avons plutôt appris à « suggérer que... », à « évoquer la possibilité de... », à « faire allusion à... », à « tendre une perche » pour que l'autre « la saisisse ». Bref à nous exprimer dans un langage codé que nous croyons être de la diplomatie alors qu'il ne s'agit que d'une invitation à la lecture de pensée, source de la plupart des malentendus.

C'est pourquoi la règle de base pour assainir la communication est la suivante :

TOUTE DEMANDE NON EXPRIMÉE
N'A PAS À ÊTRE SATISFAITE.

Si je n'ai pas clairement demandé ce que je veux, je ne peux pas en vouloir à l'autre de ne pas avoir compris. S'il ne m'a rien demandé, je n'ai pas à deviner qu'il voulait quelque chose.

Il arrive assez souvent qu'un de mes clients me dise quelque chose du genre :

– « J'aimerais tellement qu'il / elle comprenne que... »
– « Le lui avez-vous dit ? »
– « Non, je ne sais pas comment lui dire ! »
– « Pourquoi ne pas le lui dire exactement comme vous venez de me le dire : « J'aimerais

tellement que tu comprennes que… »? et je reformule toute la phrase. »

Le client songeur :

– « Ça a l'air tellement simple, dit comme ça. »

– « Ça l'est. Ce n'est pas la peine de tourner autour du pot. Dites-lui les choses sobrement. »

Car paradoxalement, le plus compliqué en communication, c'est peut-être d'apprendre à simplifier notre façon de communiquer !

Apprenez à formuler vos phrases positivement

L'éducation se fait beaucoup par la négative. « Ne fais pas ceci, ne fais pas cela, arrête de…, cesse donc de… » Comme si nous passions notre temps à apprendre à nos enfants que 2 et 2 ne font pas 5, ne font pas 6, ne font pas 7 non plus d'ailleurs, sans jamais leur dire une bonne fois pour toutes : 2 et 2, ça fait 4. Les plus compliqués d'entre nous arrivent même à placer plusieurs négations dans la même phrase, obligeant celui qui l'entend à faire des tours et des détours dans sa tête et des maths en parallèle pour arriver à nous comprendre : « (- + - = +), (+ + - = -) donc ça doit être non. »

Il y a une dizaine d'années, j'ai connu une compagnie aérienne qui demandait à son personnel de remplir une feuille de *desiderata* de repos pour les fêtes de fin d'année, formulée de la façon suivante :

Nom :................ Service :................ Fonction :.......... Ne souhaite pas ne pas être programmé en vol : A) le jour de Noël* B) le jour de l'an*. * Rayez la mention inutile.

Vous l'avez compris, en élaborant un formulaire aussi compliqué, la compagnie aérienne exprimait surtout son mécontentement de devoir accorder des jours fériés à son personnel. Outre qu'il était exclu de pouvoir choisir d'être libre les deux jours, il était bien difficile de savoir laquelle des mentions était « utile » ou « inutile » pour être sûr d'être libre à Noël !

• ***L'inconscient ne conçoit pas le négatif***

Nous ne pouvons pas nous faire une représentation mentale de « ne pas... quelque chose ». Quelle idée pourriez-vous vous faire du lieu où j'habite si je vous dis : « Je n'habite pas Annecy. » ?

En fait, c'est même l'inverse qui se produit. Si je vous dis : « Ne pensez pas à un cheval. Surtout, ne pensez pas à un cheval ! » Vous pensez à un cheval, n'est-ce pas ?

Alors, imaginez ce que cela peut donner lorsque l'on dit à un enfant : « N'aie pas peur, le chien n'est pas méchant, il ne mord pas. » L'enfant entend : « méchant », « peur », « mord ». De même, le médecin qui dit à un enfant : « N'aie pas peur, ça ne fait pas mal », a tout faux. L'enfant entendra « peur » et « mal » et se mettra à pleurer. Même en langage commercial, la formulation négative a un impact sur le client. Dire à son client : « Ne vous inquiétez pas, il n'y aura pas de problème, il n'y a jamais de retard à la livraison. Nos clients ne sont jamais déçus », attire l'attention sur « inquiéter », « problème », « retard » et « déçus ».

Alors ça vaut la peine de se rééduquer et d'apprendre à choisir les formulations positives. « Sois *tranquille*, le chien est *gentil*, il veut *jouer* ». « *Rassure*-toi, tu sentiras juste une *toute petite piqûre* comme si c'était un *bébé moustique* et ça sera déjà *fini.* » (Il faut rester crédible : une piqûre, on la sent quand même un peu.) Quant au commercial qui sait dire : « Soyez *tranquille*. Notre système de livraison est *sûr*. Nous livrons toujours dans les *délais fixés*. Tous nos clients en sont *contents* », il va sécuriser son client au lieu de l'inquiéter.

• ***Aller vers la carotte ou éviter le bâton ?***

Dans la vie, tout le monde bouge et évolue mais avec des motivations différemment vécues et formulées. À la même question : « Pourquoi avez-vous déménagé ? », une personne répondra : « Parce que l'appartement était trop petit » et une autre : « Parce que je voulais un appartement plus grand ». La raison du déménagement est la même, mais la formulation est différente. Dans le premier cas, la personne est orientée vers l'aspect « problème, contrainte, mal-être » qu'elle cherche à éviter, dans l'autre, la personne est orientée vers l'aspect « solution, soulagement, bien-être » qu'elle cherche à atteindre.

Ce sont nos stratégies de motivation qui apparaissent dans la façon dont nous formulons nos phrases. Les formulations négatives montrent nos peurs, nos problèmes, nos contraintes. Les formulations positives expriment nos solutions, notre dynamisme, notre confiance.

• ***La double contrainte***

Enfin, lorsqu'on utilise la formulation négative, on prend le risque d'enfermer l'autre dans une double contrainte. C'est comme si on le faisait entrer dans un rond-point et que chaque sortie du rond-point ait un panneau de sens interdit. Dans cette façon de faire, il n'y a pas d'issue. Il ne reste plus que la solution de tourner en rond interminablement. C'est très décourageant dans un premier temps, ça peut rendre fou à terme. Et cela provient du fait que la personne qui vous enferme dans cette double contrainte exprime ce qu'elle ne veut pas et non pas ce qu'elle veut.

Un jour, en consultation, une jeune femme me parlait de sa mère, venue passer quelques jours chez elle pour garder ses petits-enfants pendant les vacances de Toussaint. Elle en parlait avec une exaspération croissante. Sa mère se mêlait de tout, prenait des initiatives intrusives dans l'organisation familiale et ne faisait rien correctement. « Qu'est-ce qui serait, pour vous, une bonne attitude de la part de votre mère ? » ai-je demandé à cette jeune femme. Elle n'a pas su répondre à ma question. Elle savait ce qui l'exaspérait mais elle n'avait pas défini ce qui serait une attitude acceptable et adéquate de la part d'une grand-mère en visite, chargée de garder ses petits-enfants. Pendant ce temps, la grand-mère devait se décourager, se sentir de plus en plus mal, intruse et inadéquate, quoi qu'elle fasse.

Alors, pour éviter tous les pièges de la formulation négative et aller vers plus de clarté, posez-vous simplement les questions suivantes :

– « Qu'est-ce que je veux ? », « De quoi ai-je besoin ? », « De quoi ai-je envie ? »

Et si la réponse vous vient spontanément en négatif, questionnez-vous à nouveau :

– « Et ce serait comment si ce n'était pas… ? »

Exemple : « Je ne veux plus être en conflit avec mes employés. »

– « Et ce serait comment si tu n'étais plus en conflit avec tes employés ? »
– « Eh bien… (long silence de réflexion), je leur dirais bonjour tous les matins. »

La nouvelle réponse peut être pleine de surprise pour tout le monde et surtout pour celui qui y répond car elle l'oblige à réorganiser sa pensée vers des solutions.

Formulez vos demandes précisément

« Nous allons prendre toutes les mesures nécessaires pour réunir une commission chargée d'étudier le problème dans les meilleurs délais. » Coluche s'est bien moqué en son temps de la langue de bois des politiciens et des discours sémantiquement vides et il avait bien raison. Le mot n'est pas la chose nommée. Le mot « chat » ne ronronne pas. Le mot « chien » n'aboie pas. Chaque mot est une étiquette que nous mettons sur un contenu qui nous appartient et que les autres ne perçoivent pas forcément comme nous l'entendons.

Dans les séminaires sur l'affirmation de soi, je fais souvent l'expérience suivante.

Je prononce le mot « arbre » puis je demande à chaque participant de me décrire comment il a reçu ce mot. L'un aura vu un pommier en fleurs au milieu d'une prairie, l'autre un sapin dans une forêt, le troisième le tilleul de son jardin… Chacun a sa représentation personnelle du mot prononcé. L'exercice est toujours concluant : il y a autant d'arbres différents que de participants. Je termine le tour de table en taquinant mes stagiaires et en leur disant : « Vous n'y êtes pas du tout, peuchère ! Je vous parlais du pin parasol, sous lequel on fait la sieste avé le pastis et le chant des cigales ! Rien à voir avec le pommier en fleurs ou le sapin de la forêt ! »

Plus l'étiquette est vague, plus les risques de malentendus sur le contenu sont importants. Ça veut dire quoi « être sage » ? Comment se comporte un mari « attentionné » ? Qu'entend-on par « améliorer la communication dans le service marketing » ou « développer une dynamique de collaboration » ? C'est combien, « être riche » ? C'est quoi « une chambre bien rangée ? »

J'ai reçu en consultation une famille qui venait me voir parce que le plus jeune des fils, au cours d'une crise de nerfs mémorable, avait vidé les placards de son frère et jeté à terre tout leur contenu en criant que sa mère le harcelait et était d'une indulgence écœurante pour l'aîné. Sa violence avait affolé la famille qui y voyait presque un début de démence. Il est apparu au cours de la conversation que le mot « ranger » ne voulait pas du tout dire la même chose pour le fils et la mère. Pour la mère, il signifiait : « Rien ne traîne par terre », l'ordre de l'intérieur des armoires et des tiroirs étant très secondaire. Ce qui a sa logique lorsque la priorité est de passer l'aspirateur. Pour le fils, une paire de baskets et deux revues sur la moquette ne signifiait pas désordre puisque l'intérieur de ses placards était propre et ordonné. Plus la mère demandait à ce qu'il range, plus il s'appliquait à soigner l'intérieur de ses placards, sans pour autant penser à ramasser les revues et les baskets sur le sol. L'aîné ayant mieux compris les exigences de sa mère entassait sauvagement les objets hors de la vue, mais ne laissait rien traîner par terre. Il avait donc effectivement une paix royale au grand dam du cadet qui accumulait frustration et rancœur.

En précisant votre pensée, en étant plus concret, en donnant des exemples de ce que vous dites, vous serez plus crédible, plus proche des autres et surtout sûr d'être mieux compris. Le mot, c'est l'étiquette. Expliquez ce que vous, vous mettez dans vos boîtes à contenu. En étant le plus précis possible lorsque vous vous exprimez, vous éviterez bien des malentendus, source de conflits et de déceptions.

Voici une liste de questions spécifiques pour vous aider à obtenir une formulation positive et concrète :

- Qu'est-ce que je veux ?
- Quelle est la solution que je veux mettre en œuvre ?
- Quel est mon objectif ?
- Quel comportement correspond à cela ?
- Concrètement, que veut dire… ?
- Comment puis-je avoir la preuve que j'ai atteint mon objectif ?
- Qui ? Quoi ? Où ? Quand ? Comment ? Combien ?

L'avez-vous remarqué ? C'est le genre de questions dont raffole votre partie Adulte !

Être crédible

Dernier point important : pour que votre communication soit efficace, vous devez donner à votre interlocuteur l'impression d'être en face d'une personne sincère. Lorsque le langage verbal et le langage non verbal expriment la même idée, votre communication est authentique et crédible parce que « vraie ». Si vos mots sont contredits par votre langage non verbal, il va se créer une sensation de malaise dans la communication. Rappelez-vous que vos interlocuteurs lisent inconsciemment votre langage non verbal et savent intuitivement si vos beaux discours sont en accord avec votre posture, vos gestes, l'intonation de votre voix, les expressions de votre visage et aussi votre comportement général dans la vie.

Par exemple, comment une mère qui accueille ses visiteurs avec un air gêné en disant : « Entrez et excusez le désordre », pourrait-elle avoir une once de crédibilité lorsqu'elle dit à son enfant : « Range ta chambre » ?

De même, une entreprise qui organise des réunions de direction dans des cadres de séminaires luxueux sera bien malvenue (et mal reçue !) de demander un effort de restriction budgétaire à son personnel.

Mais comme vous avez fait le ménage dans votre zone de doute depuis le premier chapitre, vous avez déjà une crédibilité bien renforcée. Un langage positif, précis et soutenu par votre langage non verbal vous donne toute la puissance utile et nécessaire pour faire passer vos messages. D'autant plus qu'utiliser un langage dynamique dynamise aussi celui qui le prononce.

Il ne vous reste plus qu'à acquérir les techniques qui permettent de poser des « non » avec diplomatie et vous serez complètement outillé pour vous affirmer sereinement.

Chapitre 7

Le non diplomatique

Il y a dans la vie des moments où le refus s'impose : premièrement, quand la demande où le comportement est totalement inacceptable (rappelez-vous la liste de ce qui doit être situé dans votre zone d'inacceptable), ou bien quand la demande où le comportement ne vous convient absolument pas.

Deuxièmement, lorsque vous souhaitez voir cesser une situation qui ne vous convient plus ou qui ne vous a jamais convenu, mais à laquelle vous n'aviez pas encore les moyens de mettre fin avant la lecture de ce livre !

Le refus s'impose aussi quand vous ne pouvez pas (ou ne voulez pas) satisfaire la totalité de la demande de l'autre.

En refus diplomatique, trois possibilités s'offrent à vous : le refus total, le refus partiel et la proposition de changement. Et bien sûr, rappelez-vous, vous avez le droit et même le devoir de prendre le temps de réfléchir à ce que vous aller dire et de préparer vos réponses à l'avance. Avec de la pratique, trouver les mots justes deviendra de plus en plus rapide, facile et naturel.

Le refus total

Commençons par celui qui peut paraître le plus abrupt des refus, le refus total. Il est en même temps le plus simple des refus à poser puisqu'il ne laisse aucun espace de négociation. Malgré son aspect irrévocable, il peut être formulé avec chaleur et empathie. Il est tout à fait possible de dire un « non » définitif, tout en se montrant compatissant.

Le refus total se pratique en quatre temps.

1) Montrez-vous compréhensif et empathique.
2) Exprimez calmement et fermement votre refus.
3) Donnez éventuellement votre raison. (Rappel : Expliquer n'est pas se justifier.)
4) Offrez une ouverture vers d'autres solutions. (Attention : Ne dictez pas de solution.)

Votre refus pourra prendre cette forme : « Je comprends que… Mais je ne peux pas (ou je ne veux pas)… parce que… Peut-être pourrais-tu… ? »

Par exemple :

« Je sais que c'est difficile pour toi d'être sans voiture depuis ton accident et j'espère qu'elle sera rapidement réparée. Mais je ne peux pas me rendre disponible pour te servir de chauffeur à chaque fois que tu en as besoin parce que mon emploi du temps est déjà surchargé. Peut-être peux-tu demander ce service à d'autres amis, louer une voiture de temps en temps ou te renseigner sur les transports en commun. Il paraît qu'ils sont très bien organisés dans notre ville. »

Allez, c'est à vous : « Je comprends que… »

Le refus partiel

Cette forme de refus convient quand vous ne pouvez (ou ne voulez) pas satisfaire la totalité de la demande de l'autre, mais qu'une partie de cette demande vous reste acceptable.

Dans ce cas, le refus partiel consiste à exprimer avec précision les éléments de la demande que vous pouvez (ou voulez bien) satisfaire et ceux sur lesquels il y a une restriction.

Exemple : Votre fils vous demande de l'emmener au collège pour 8 h 30.

« J'ai un rendez-vous à 8 h 30. Je peux te déposer au collège à 8 h 10, si cela te convient. »

Ou bien :

« Je n'ai pas envie de t'accompagner faire les courses. Tu connais mon horreur des grands magasins, mais je serai présent à ton retour pour décharger la voiture et ranger les courses dans la maison. » Allez, à votre tour : « Voilà ce que je te propose… »

La proposition de changement

Cette façon de procéder concerne les situations que vous souhaitez voir cesser parce qu'elles ne vous conviennent plus ou qu'elles ne vous ont jamais convenu. Maintenant, vous avez enfin les moyens d'y mettre fin. Chic alors !

La proposition de changement sert à expliquer le problème sans accuser et sans atteindre l'autre dans son identité et à offrir des solutions. C'est à la fois une demande d'une nouvelle façon de faire et un refus de ce qui avait lieu jusqu'alors. Présentez la nouvelle solution en mettant en valeur ses avantages pour l'autre, pour vous et pour la qualité de votre relation.

Je dis souvent à mes clients : « N'amenez jamais de problème dans le bureau de votre chef sans avoir quelques solutions à proposer pour le résoudre. » Critiquer n'est constructif que lorsqu'on a l'esprit orienté vers les solutions.

Voici la trame de la proposition de changement :

Je comprends que…	**Montrez de la compréhension pour les motivations, de l'empathie**
Mais lorsque tu…	**Décrire le comportement (s'en tenir aux faits, QQOQCC)**

Conséquences matérielles	Coût, perte de temps, stress, fatigue, sentiments
C'est pourquoi je te propose (je veux)	Solutions
Comme ça, tu pourras (nous pourrons ou je pourrai)	Avantages

Voici un exemple tiré de mes séminaires :

« Patron,

Je sais que vous êtes surchargé de travail et qu'il n'est pas toujours possible pour vous d'anticiper sur les tâches que vous voulez me confier. Mais lorsque vous me demandez d'effectuer un travail urgent à 16 h 30 alors que je suis censé quitter mon poste à 17 h 00, cela me fait partir très en retard. Cela alourdit mes journées de travail et coûte à l'entreprise des heures supplémentaires qui pourraient être évitées. C'est pourquoi je vous propose de vous téléphoner tous les jours vers 15 h 00 pour vérifier avec vous s'il y a des tâches urgentes en attente. Comme cela vous serez certain qu'elles seront effectuées avant 17 h 00 et vous n'aurez plus d'heures supplémentaires à rémunérer. »

À vous : Quelle situation est en train de vous gâcher la vie ? Quelles solutions allez-vous mettre en œuvre ? Comment allez-vous les formuler ?

Prenez le temps d'écrire la formulation qui vous satisfait le mieux. « Mon cher..., il faut que je te parle d'un problème qui nous concerne tous les deux... Je comprends que... mais lorsque... »

Vous voilà maintenant dépositaire de trois formes de refus. Ces refus sont adaptés à chacun de vos besoins de dire non. Vos réponses pourront être élaborées et personnalisées grâce à la créativité de votre enfant intérieur. Elles sont à utiliser sous la protection de votre Parent et à faire prononcer par votre partie Adulte pendant que l'enfant, non concerné, joue joyeusement dans votre jardin imaginaire...

Conclusion

Si dans les jours qui suivent la lecture de ce livre, vos proches vous reprochent d'avoir changé, d'être « moins cool » pour les plus grands ou « très méchants » pour les petits, si à l'inverse, vous commencez à trouver la vie plus simple, plus légère, vous pourrez en conclure que cette lecture vous a été profitable. Vous êtes sur la bonne voie pour pratiquer efficacement et de plus en plus sereinement l'affirmation de vous. C'est le premier non qui coûte, les autres seront d'une simplicité croissante.

Votre enfant intérieur, bien au chaud dans son abri douillet va commencer à s'amuser de certaines situations qui autrefois ne vous faisaient pas rire du tout. Dès qu'on commence à en maîtriser un peu les règles, la communication devient une matière simple, ludique, vivante, pleine de tendresse et de surprise. On ne peut plus s'empêcher d'apprendre de toutes les circonstances de sa vie, même des plus difficiles.

La dynamique de croissance est réamorcée.

Vous allez sans cesse prendre du recul, observer, comprendre, apprendre, tester, essayer, rater, peut-être par moments vous décourager, mais tôt ou tard recommencer à apprendre. Car vous savez maintenant que ne pas savoir dire « non » n'est pas une fatalité et que vous avez le pouvoir d'y remédier. Et quand vous saurez parfaitement bien dire « non », vos « oui » deviendront extraordinairement savoureux ! Parce qu'ils seront alors de vrais « oui » !

Depôt légal : avril 2017
Achevé d'imprimer en avril 2017
Imprimé en Espagne par CPI